Gen(t)s diferents

S. Bataller
J.A. Martínez
J.A. Marín

Edicions BROMERA

BROMERA / TEATRE

8. *Escena final davant la mar.* Roger Justafré
9. *Tirant lo Tirant.* Rafael Santapau
10. *El botí.* Joe Orton
11. *L'amor també és això.* Louis-Dominique Lavigne
12. *Trist com quan la lluna no hi és.* Lluís-Anton Baulenas
13. *Nàpols milionària.* Eduardo De Filippo
14. *Sara i Eleonora.* Carles Batlle
15. *L'home de l'aigua.* Francesc de Paula Burguera
16. *Barracó 62.* Joan Alfons Gil Albors
17. *Setze jutges...* Josep Antoni Martínez
18. *Currículum.* Pasqual Alapont/Carles Alberola
19. *Les cunyades.* Michel Tremblay
20. *Misteri Buffo.* Dario Fo
21. *Estem fins als...!* Josep Antoni Martínez
22. *Besos.* Carles Alberola - Roberto García
23. *Tres tristos traumes.* Pasqual Alapont
24. *El triomf de Tirant.* Josep Lluís Sirera - Rodolf Sirera

Col·lecció dirigida per Salvador Bataller

Polígon Industrial I - 46600 Alzira
http://www.bromera.com

1a edició: *desembre, 1989*
5a edició: *desembre, 2000*
Impressió: *Litografia Cuenca, S.L.*
ISBN: *84-7660-040-2*
DL: *V-4763-2000*

Índex

Introducció.
Visions teatrals nebuloses 7

Gen(t)s diferents 19
Pròleg 25
Quadre I 27
Quadre II 36
Quadre III 49
Quadre IV 61
Epíleg 75

Propostes de treball 77

Introducció

VISIONS TEATRALS NEBULOSES

1. UN CONCEPTE NEBULÓS D'AUTORIA

Un poema, una novel·la, un quadre, són, per regla general, resultat inequívoc d'un procés creatiu portat a cap per un individu; però quan ens enfrontem amb el fet teatral, no resulta tan clar discernir qui és el subjecte creador final: ¿és l'autor aquell que ha tingut la idea inicial dels fets, situacions i personatges, encara que tot aquest conjunt haguera nascut dintre d'un motle literari narratiu o no estrictament teatral? ¿O ho és qui consolida un text dramàtic partint d'aquell text, que no ho era, i/o d'unes primeres idees d'un grup teatral o d'altres fonts prèvies? ¿Per què no depositem tota la responsabilitat creativa en el dramaturg, l'escriptor teatral, tal com han fet tradicionalment els estudis literaris per als quals el paper del text era primordial i quasi base única del gènere dramàtic? I si ho fem així, i oblidem que el teatre és espectacle inacabat fins que no s'alça el teló i els personatges no són encarnats davant d'uns espectadors, ¿quina part del procés creador assoliria el director, que manipula, de vegades fins a ferlo desconegut, el text inicial i crea el seu espectacle? ¿I per què no pensar que els actors són els autors en tant que creadors dels personatges als quals donen imatge i suport a les seues accions i parlaments, sent com són l'única via de contacte amb els espectadors? ¿On ubiquem la creativitat dels escenògrafs, músics, dissenyadors del vestuari, del maquillatge, de la il·luminació, del so i efectes especials...? ¿I la dels tècnics que ho apliquen? En el resultat final, ¿quin paper assoleix el públic en tant que receptor, cocreador i intèrpret personalíssim d'allò que se li comunica a l'escenari?

No existeix una única resposta vàlida per als diferents espectacles teatrals. Ni tan sols estudiant cadascun per separat, esbrinarem amb absoluta nitidesa el grau de responsabilitat dels diferents participants en el resultat final. De tota manera, i a tall d'exemple de la complexitat del procés creatiu teatral, paga la pena seguir les passeres per on ha anat redolant *Gen(t)s diferents* en el seu procés metamòrfic des d'uns contes inicials, passant per la seua reducció-adaptació a motles estructurals propis del teatre, la seua concreció a un llenguatge teatral i la seua plasmació actoral sobre l'escenari.

En el principi, la inspiració fou un llibre d'una vintena de relats[1] i una caterva de personatges quotidians que vivien situacions corrents però estirades al màxim. Després de seleccionar tipus i accions, barrejar-los, afegir elements i transformar-los, hem construït una història diferent amb quatre històries que se centren, en successius moments, en l'individu, en la parella, en la família i en la societat. Cadascuna presenta uns problemes i uns trets diferencials i específics, però alhora totes ens reflecteixen una imatge unitària del nostre món.

Hem hagut de reinventar esdeveniments i personatges tenint en compte el pas del gènere narratiu al dramàtic; altres grans canvis en profunditat tenen el seu origen en les diferències d'objectius, intencions i fins i tot plantejaments estètics i d'època entre *Gota a gota* i *Gen(t)s diferents*. Cal pensar que el llibre de relats fou publicat el 1972 i a més del pas del temps estan els canvis de context sòcio-cultural, estètic i literari.

Completa aquest autèntic procés de creació del text el treball lingüístic, ja que han estat diverses les readaptacions i traduccions, i no sols de llenguatge narratiu a teatral, o d'una llengua a una altra —els contes estaven escrits en castellà—, sinó d'un nivell d'ús col·loquial d'una llengua al d'una altra, a fi que sonara tan natural i propi com si des de sempre haguera estat pensat i escrit en la nostra llengua.

Alhora, i conscients de la necessitat de donar major profunditat i perspectiva teatral a les històries dels personatges, i en sintonia amb l'esperit de *Gota a gota*, hem creat un marc textual i d'accions que uneix les quatre històries. Aquesta nova història, protagonitzada per simbòlics actors-màscares, que representen el paper d'actors-organitzadors de l'espai escènic i dels mateixos esdeveniments dels personatges, constitueix una perspectiva més, alhora que un subratllat que anticipa o reinterpreta fets i reflexiona sobre la naturalesa del món representat, i dóna així major fondària i complexitat a l'obra. Calia aquesta història, perquè hem de pensar que mentre en el procés de la lectura podem tornar

---

1 Marín Morales, José Alberto. *Gota a gota*, Ed. Seix Barral. Barcelona, 1972.

enrere tant com calga fins penetrar en la riquesa significativa del text, el teatre-espectacle, amb la seua immediatesa i la linealitat no retroactiva dels seus signes, impedeix aquesta possibilitat. Tanmateix, i com no podíem caure en un didactisme massa directe i denotatiu, la comunicació actoral s'ha basat en la pantomima i en uns textos nodrits de lletres de cançons populars transformades que se situaven així entre l'aclariment concret i denotatiu i el simbolisme més connotatiu amerat de surrealisme i poesia.

Podem concloure que determinar la paternitat clara i diferenciada de *Gen(t)s diferents* és més que difícil i ens porta a assolir l'autoria compartida de l'obra: el text és, indistintament i indissolublement, de S. Bataller, J.A. Marín i de J.A. Martínez[2]. La primera posada en escena, les primeres cares que aquests personatges tenen i els primers espais escènics on s'ubiquen pertanyen a LA TARUMBA TEATRE d'Alzira, i les potencials cares i espais que faran possible la repetició irrepetible d'aquesta obra poden ser les de qualsevol grup de gent que es veja amb cor de representar-los damunt d'un escenari: poden ser les vostres.

Per acabar l'apartat, i com marca la tradició, direm alguna cosa del currículum dels autors, encara que només siga per complir amb la parròquia.

José Alberto Marín Morales (Madrid, 1924), jutge de professió, té una trajectòria literària i vital més que consolidada, com ho avalen la projecció dels seus articles filosòfics i l'èxit i la pervivència de la seua novel·la *Carril de un cuerpo* (1968) i del llibre de relats *Gota a gota* (1972). *Gen(t)s diferents* és la seua primera implicació creativa en el món del teatre, encara que indirectament i com a subjecte inspirador, i a més, transplantat de llengua.

Dels qui subscrivim aquesta introducció, Josep Antoni Martínez (Hellín, 1956) i Salvador Bataller (La Pobla del Duc, 1950), del gremi de l'ensenyament, es pot dir que som homes d'acció teatral directa i que els nostres textos, adaptacions, dramatúrgies, treballs de direcció, etc., han estat publicats, és a dir, fets públics per boca dels nostres alumnes-actors dels instituts i per boca dels

---

2 Cal, en aquest punt, ressenyar i agrair les col·laboracions i suggerències textuals de la resta de membres del grup, de l'editor, de Hamlet el de W. Shakespeare, de Groucho el dels Marx, del Sr. Enrique P. Aranda Piera el del *Poema d'Alzira*, de la «vox populi» creadora de cançons i refranys populars, d'alguns diaris actuals d'ací i d'allà, etc, etc.

nostres amics-companys-actors de LA TARUMBA TEATRE en les nombroses representacions que hem fet arreu del País Valencià. L'un per l'altre, la nostra «obra publicada» abraça més de deu anys; i no citem títols perquè sempre que hagen contribuït a desvetlar actors i públic els considerem igualment «obres capitals».

2. UN CONCEPTE NO TAN NEBULÓS DE PÚBLIC

Des de bon començament, els muntatges de LA TARUMBA TEATRE i els dels instituts de BUP d'Alzira, de la qual són antecedents, tenien uns objectius i uns condicionaments derivats del seu origen (l'entorn educatiu) i de l'enfocament lúdic i didàctic de cara als seus receptors. Valguen aquestes i les posteriors explicacions per fer més comprensiu el procés de gestació de l'obra que ens ocupa.

La finalitat artística d'aconseguir un teatre innovador i de qualitat (no oblideu que sempre s'han barrejat al grup professionals o alumnes de ciències humanes amb professionals o alumnes d'art dramàtic: gent de lletres amb certes exigències tècniques i de qualitat) se sumava a una intenció que podríem anomenar catequètico-divulgativo-teatral. I tot això havia d'acoblar-se amb una prioritat d'incidència popular del nostre teatre. Popular en el sentit d'obert i amb possibles nivells de lectura i connexió amb diferents i heterogenis espectadors, segons el grau de cultura teatral que tingueren, sense deixar-ne fora cap. Açò ha obligat a compatibilitzar elements «digeribles» amb d'altres d'un alt grau d'exigències. Hem volgut que el nostre teatre arribe allà on aquest gènere no és gaire habitual, i per tot això hem anat superant dificultats d'infrastructura escènica per poder actuar a qualsevol espai obert o tancat, perquè a molts pobles no hi ha teatre. Ens ha calgut superar dificultats d'hàbit: generalment, on el públic no està habituat o està mal habituat, només accepta com a valors teatrals estables productes que difícilment mereixerien aquesta etiqueta: varietés o revistes i sainets o peces valencianes, sovint grollers i d'ínfima qualitat. I també calia superar dificultats lingüístiques i resistències a un nivell de llengua apte per als usos teatrals, però que podia crear rebuig per part dels espectadors i podia entrebancar la comunicació desitjada.

Mestres té la sociolingüística que ens podrien explicar els recels i l'autoodi dels valencians envers la pròpia llengua i les seues causes. Nosaltres, i mentre el desitjat nivell estàndard no es consolide de forma efectiva, hem elegit el nostre camí lingüístic, que acurte distàncies amb els receptors partint de la riquesa de les seues pròpies expressions populars, respectant la coherència interna del sistema i defugint els castellanismes, els vulgarismes i la fredor d'unes formes lingüístiques artificials i innecessàriament de diccionari. Les nostres maniobres lingüístiques ens costa, però creiem que paga la pena. Tot i això, potser algú diga que la nostra és una ficció o, fins i tot, una mentida lingüística. Evidentment, els tipus valencians, reals i actuals, d'on s'ha extret la tipologia lingüística dels nostres personatges, no parlen exactament així, i possiblement la majoria dels professionals que representen ho farien en castellà. Però podria ser aquest, o molt similar, el seu nivell d'expressió, o almenys així ho hem imaginat nosaltres, en una situació lingüística més normalitzada. De tota manera, estem segurs per la nostra experiència que la nostra expressió no vindrà gens de nou als receptors que encara són usuaris habituals de la llengua.

En definitiva, intentem crear espectacle per tal de crear espectadors nous de trinca o vells que es reconcilien de nou amb els escenaris. I perquè s'aconseguesca la reconciliació sense baixar d'un nivell i uns plantejaments teatrals dignes i seriosos calia eixamplar-los incorporant-hi, amb una prèvia selecció, dignificació i actualització, alguns dels trets destacables o que pareixien privatius de les peces valencianes o de la revista. Així, i sempre que ho ha permés l'obra, hem donat un to d'humor, encara que fóra negre; hem presentat alguns personatges i situacions amb regust popular; hem afegit color i brillantor amb música, balls, vestuaris, lluents o quotidians però acceptables pels esquemes de la cultura teatral popular; i fins i tot hem respectat un to lingüístic proper al del receptor, però correcte. Així, igual hem fet un clàssic llatí, *Plautus mix* (1988), amb empelts de musical, que fem una tragèdia actual, grotesca i amb aires llunyans de sainet: *Gen(t)s diferents*.

Aquesta obra, per tant, a diferència d'altres, és concebuda, des d'un principi i en primer terme, per ser portada als escenaris per un determinat grup i per a un determinat públic, la qual cosa no es contradiu amb la seua posterior publicació i amb el fet que puga resultar interessant la seua representació o lectura en àmbits diferents dels esmentats. I venia tan predestinada perquè la seua escriptura havia estat fruit de la necessitat d'un determinat tipus d'obra no fàcilment trobable al mercat editorial i que s'adaptara a les condicions esmentades.

De traduccions i adaptacions n'havíem fet moltes, tant per als grups de teatre dels instituts d'Alzira com per a LA TARUMBA TEATRE i d'altres grups. La dramatúrgia, direcció i d'altres factors dramàtics, fins i tot la mateixa infrastructura dels nostres espectacles havien estat, des de sempre, meticulosament concebuts, readaptats i experimentats per a determinats receptors. Arredonint el procés, se'ns oferia ara l'oportunitat de fer-nos l'obra a la mida i publicar-la, i ho vam escometre.

3. UN CONCEPTE NEBULÓS D'OBRA

Dissenyar una panoràmica del teatre valencià actual, per etapes i corrents, on ubicar la nostra obra no ens seria metodològicament molt útil i sempre pecaria per excés o per defecte. A més que per l'autoritat dels autors i estudiosos del tema que ens precedeixen i la dels que prosseguiran la col·lecció BROMERA / TEATRE, sabem que quedarà aquesta obligació salvada amb superàvit informatiu.

Nebulosa resulta també la concreció del context cronològic i situacional dels fets i gents de *Gen(t)s diferents*, atés que la seua inconcreció i pervivència en el temps i en l'espai la fan un reflex social de modes de ser i actuar representatius del nostre «Celtibèria Show», actual i endèmic, absurdament real, i, alhora, susceptible de ser ubicat en èpoques encara més tercermundistes com les de la potsguerra o més arrere i tot, i en espais rurals o urbans. Queda, per tant, a gust del lector o director la concreció espacial i temporal d'aquest món embastat amb lletra impresa.

Així i tot, és obvi que les històries dels personatges resulten molt més contaminades de realitat, actualitat i vulgaritat que les de les màscares, les quals presenten un posat més asèptic, impregnat de fantasia, simbolisme i cert reflex d'atemporalitat futurista. Ambdós plànols podrien simbolitzar dues cares de la realitat que conviuen actualment: el subdesenvolupament més flagrant i el món de la tècnica d'aires intergalàctics i d'any 2000.

L'ambigüitat i la possibilitat de múltiples lectures, perspectives i nivells de comprensió, de vegades contraposats i alhora complementaris, ha condicionat la concepció del text i també l'enfocament global de tots els elements que conformen l'obra com a espectacle: des del mateix títol al cartell i des del vestuari a la música, l'escenografia o l'expressió actoral. Perquè, ¿els personatges de l'obra són gents diferents? ¿Diferents a nosaltres o diferents entre ells? ¿O no són gens diferents als espectadors i són pareguts entre ells?

Els trets físics dels personatges s'adiuen també amb la indefinició esmentada, atés que els suggeriments que es desprenen de les acotacions sobre aquest aspecte són mínims. Tot i això, la seua condició majoritària de tipus o personatges plans ens orienta sobre les seues característiques quasi des del mateix nom que, en general, no es tal sinó un indicador d'una funció o rol social: Sogre, Sogra, Advocat, Metge, Marit, Muller, Xiqueta, Vella, Home I, Home II, Taüter, Mare, Practicant, Venedor, Borratxo... Encara resulten més poc definidors onomàsticament els pronoms personals: Ell, Ella o alguns noms propis autèntics com Norbert, Lluïsa, Carme, Sebastià o Margarida. Doloretes ens duu a certa ironia pel contrast entre el nom i la vida alegre que se suposa a la portadora. I Blai s'associa sonorament a la frase popular «¡Ai, el meu Blai!» que pot ser representativa dels patiments del subjecte.

Amb tot açò tornem a deixar oberta la concreció de cada tipus a la imaginació del lector i als plantejaments i potencialitats del grup que haja de representar-la: segons la fisonomia dels actors o actrius, la capacitat caracteritzadora de vestuari, farciments, maquillatge, perruques, etc.

Quant a les característiques internes, psíquiques o de comportament, la major font d'informació ens és donada de forma conductista, és a dir, per les mateixes actuacions dels personatges. Tanmateix, tampoc podem refiar-nos gaire de les seues confessions, perquè la imatge que solen tenir del món i de si mateix sol ser interessada i no gens imparcial. I això, com a mínim, ens deixa el dubte sobre l'autèntica realitat, perquè darrere de la màscara positiva que ells desitgen imposar-nos podem endevinar l'abúlia, la incapacitat, la bogeria, la vanitat, l'estupidesa, el conformisme, l'interés egoista, la violència, el cinisme... però, sovint, codificat amb un grau d'ambigüitat que ens enterboleix els judicis. Davant les explicacions interessades o dels plantejaments inicials de les situacions, seria fàcil caure en el parany de determinar les víctimes innocents del destí, la dissort o la maldat dels altres, i els botxins malignes i prepotents. En un principi, potser inclinen la nostra voluntat Ell, el Marit, Lluïsa o l'Home I; tanmateix, ¿tindrem tan clara la seua bondat o el seu paper de víctimes al final de la peripècia?

Dels fets i de les paraules es desprén una visió relativista, interpretable, de l'home i de la vida. Visió del món aliada amb una certa acritud i amb comprensió no exempta de tristesa que ens duu a pensar en l'absurditat dels comportaments humans. La relativitat, ambigüitat i inseguretat és, com en la mateixa vida, una constant que ens fa anar del patetisme a la comicitat i, potser prenent el carrer del mig, acabarem rient per no plorar.

Els personatges i les situacions arranquen de la quotidianitat més propera i possible, ací no hi ha cap gesta èpica extraordinària, però van més enllà en projectar-se cap al disbarat exagerat que voreja l'impossible. La fàcil connexió amb el món de l'espectador, sacsejada per l'eixida de to en la qual deriva la situació, pretén produir, en el nivell més elemental de comprensió, la rialla matisada per la sorpresa i una certa respulsió barrejada amb llàstima. De tota manera, ens riem d'aquests personatges perquè les seues febleses, vulgaritats i deformacions se'ns ofereixen a través del filtre de la caricatura, la ironia i l'humor. Aquesta accentuació hiperrealista, que ens apropa a la corrosivitat esfereïdora de l'humor negre, pot ser una barrera que no ens deixe passar d'un primer nivell plasent i jocós, o ens pot ajudar a concloure que aquesta gent no és gens diferent a nosaltres, els espectadors.

Aquests éssers —els personatges— que semblen ser una caricatura dels humans —el públic— recorden, per això mateix, i encara que no ens agrade, la pròpia condició. En el muntatge de LA TARUMBA TEATRE, un espill deformador, que ocupa tot el fons de l'escena, pretén amb el seu reflex orientar l'espectador en aquesta direcció: el personatge és un reflex grotesc del públic, i les màscares, en riure's d'ell, estan, mitjançant aquesta mena de *mise en abyme*, burlant-se de les febleses humanes. L'origen primitiu del teatre, com a ritual amb funcions catàrtiques i exorcístiques dels propis dimonis, se'ns fa present per poc que s'hi pense. L'escenari es converteix així en un joc d'espills i en teatre dintre del teatre: les màscares ens presenten veritables bufons —els personatges— amb les seues obsessions extravagants, còmiques i properes alhora. Ací tenim un primer nivell suficient per a un públic no gens exigent. Però el teatre també pot ser reflexió, desvetlament cognoscitiu encarnat per aquestes màscares que fan l'ullet irònicament i trenquen la placidesa i/o tensió de les històries i mantenen el públic en una vigília constant. Però, a més, en un tercer nivell, pretenen, indirectament, reflexionar sobre la funció i significació del teatre: el teatre, en parlar sobre la vida, parla també sobre ell mateix i marca la concepció teatral del grup que el representa. Aquests dos darrers nivells cal oferir-los perquè arriben a un tipus de públic amb més experiència i que exigeix dels espectacles diferents respostes i diferents satisfaccions ètiques o estètiques.

Semblant efecte escamotejador podem atribuir també al llenguatge: darrere d'una expressió familiar i planera, que dóna confiança al receptor i l'integra en un món assequible i confortable, trobem la confusió i la incertesa, construïdes al recer de la ironia. A més, tot el bagatge lingüístic de la parla col·loquial —refranys, modismes, tòpics, lèxic difuminat, frases inacabades, repetició de falques lingüístiques innecessàries, vulgarismes, etc.— es converteix en un vehicle expressiu de naturalesa equívoca, perquè, en una primera i ingènua recepció, pot fer-nos creure que ens trobem davant simples manifestacions folklòriques, costumistes o sainetesques, sense més intenció.

La nebulositat i polisèmia l'hem volguda com una condició literària inherent al text; però si sabem véncer el repte que suposa expressar amb l'ajuda dels elements del teatre-espectacle, aquesta complexitat de perspectives i, alhora, sabem integrar tots els aspectes en una difícil però necessària coherència, sense dubte «enganxarem», ens comunicarem amb un públic ample i divers que és, en definitiva, un dels primers manaments teatrals.

4. INSTRUCCIONS FINALS DE MUNTATGE

(Especialment dedicades a la «faràndula» dels centres d'ensenyament.)

Cada any, els ensenyants implicats en activitats teatrals tenim autèntics problemes per tal de trobar obres assequibles per al grup de teatre del nostre centre. Obres que, amb un màxim de dignitat i un mínim de dificultat, posen en contacte, divertidament i sovint per primera vegada, els alumnes amb l'apassionant món del teatre.

Gen(t)s diferents pot assolir aquesta condició d'«obra fàcilment representable» perquè, encara que la representació de les màscares i la dels personatges formen un tot compacte (tant per la progressió dels fets —de l'individu a la societat— com per certa interrelació entre les diverses trames), podeu representar les històries que us interessen segons les possibilitats humanes i de tot tipus del grup. Podeu donar un paper a cada actor i així ocuparne molts, o que pocs actors representen molts personatges, depén de les possibilitats. Podeu escenificar el text en la seua totalitat tal com el publiquem; podeu representar només les accions dels personatges o només alguna de les històries, podeu afegir, llevar o combinar.

Com podreu observar, els fets possibiliten una interpretació, un vestuari (regireu armaris dels vostres avis) i una escenografia realistes. O siga que, amb mobiliari domèstic actual i a l'ús del «teatre de tresillo», amb els additaments escaients, podeu quedar molt bé. El tren del Quadre IV també resulta de fàcil solució.

Tanmateix, podeu fer un enfocament de tots els aspectes de l'obra més avanguardista, simbòlic, expressionista, líric, humorístic, crític o absurd. Trieu possibilitats, que el text es deixa, i nosaltres us donem les nostres benediccions per tal que feu la vostra interpretació: ¡però feu teatre, o com a mínim, llegiu-ne o acudiu-hi com a espectadors!

Salvador Bataller
Josep Antoni Martínez
Juliol, 1989

Gen(t)s diferents

S. Bataller
J.A. Martínez
J.A. Marín

¿Què fa un autor amb la gent vulgar, absolutament vulgar? ¿Com posar-la davant els seus lectors i com tornar-la interessant? És impossible deixar-la sempre fora de la ficció, ja que la gent vulgar és, en tots els moments, la clau i el punt essencial en la cadena d'assumptes humans; si la suprimim, es perd tota probabilitat de veritat.

Fiodor Dostoievski, *L'idiota*, IV, 1.

Aquesta obra va ser estrenada pel grup LA TARUMBA TEATRE el 14 de juliol de 1989 a la Plaça del Forn d'Alzira, amb el següent

REPARTIMENT

Joan Carles Roselló .... Màscara, Ell, Blai, Sogre II i Home I.
Anna Carbonell .... Màscara, Ella, Mare i Netejadora.
Francesc Campos .... Màscara, Sogre I, Norbert, Metge II i Home II.
Katty Baladrón .... Màscara, Xiqueta, Muller i Vella.
Jordi Verdú .... Màscara, Metge I, Marit, Practicant, Venedor i Borratxo.
Xavier Benavent .... Màscara, Advocat, Taüter i Sebastià.
Raquel Garés .... Màscara, Lola, Lluïsa, Dama i Negre.
Amèlia Tudela .... Màscara, Sogra I, Margarida i Gitana.
Eva Martínez .... Màscara, Sogra II, Carme, Ben Plantada.
Josep A. Martínez .... Màscara i Porter.

DRAMATÚRGIA I DIRECCIÓ

Jordi Verdú i Josep A. Martínez

PRÒLEG

(*Es fa una fosca total a la sala i a l'escenari. Mentre sona la música, la llum, que puja lentament, ens va aclarint les formes boiroses que omplin l'escena —un arbre, una farola, un banc— les quals, a poc a poc, ens desvelen que són actors. Un actor amb màscara blanca es belluga entre les formes mentre es dirigeix, emmarcat pels llums, al públic prop del qual acaba el seu parlament.*)

MÀSCARA I. Plou i fa sol
les bruixes es pentinen.
Som i no som
bé contents o de dol.

(*Les Màscares que componien el quadre anterior en la fosca van repetint el text tot cantant. Mentre, formen al fons una línia d'esquerra a dreta. Romanen d'esquena a l'espectador encara que, quan lentament s'il·lumine l'escenari, semble que miren de cara pel posat i per la màscara que porten al bescoll. A un colp de música, es giren i mostren la cara real, mentre riuen burlonament.*)

MÀSCARA II. (*Al públic.*) Si mireu el vent com ve
veureu la raó com dansa.
Si mireu prompte veureu
el blanc, negre
i allò lògic incongruent.

(*Les altres Màscares canten cadascuna una part del text anterior. Al mateix temps, van formant un rotgle on llancen a empentes el primer personatge que ha aparegut, Ell, tot posant-li un barret de bufó. Les Màscares l'envolten imitant els seus moviments, com en un joc d'espills; encara que Ell s'espanta i intenta no semblar-se a allò que veu.*)

TOTES LES MÀSCARES. (*Cantant-li a Ell.*) El gran i el petit
quan ballen,
ballen, ballen, ballen.
Per al gran i al petit
quan ballen
no sempre és divertit.

(*Una Màscara ix del grup i diu al públic el text anterior i els dos primers versos següents. Els dos darrers li'ls diu a Ell.*)

MÀSCARA III. Bé mires, bé actues:
balles, balles, balles.
Bé mires, bé actues:
el ball és repetit.
(*Al personatge.*) Roda la mola
de la xerinola
roda el molí:
¡farsant ja ets ací!

(*La Màscara li lleva a Ell la gorra de bufó. Després desapareixen tots.* FOSC.)

QUADRE I

ELL. (*Assegut amb un got a la mà. Al fons una maleta. Va mal afaitat i amb roba pobra, com de treballador de pocs recursos, sense corbata. Dirigint-se al públic.*) Tot va començar perquè ella, encara que no estiga bé que jo ho diga, no estava massa catòlica de l'últim pis: cada cosa com siga. I es tirava les hores mortes abocada a la barana del balcó, sense fer una altra cosa que mirar cap allà baix. I ja em diran vostés, des d'un nové pis...

ELLA. Allà sona una música celestial.

ELL. No digues desficacis.

ELLA. Escolta, escolta ara, ¿no sents com em criden pel meu nom?

ELL. Allà baix no hi havia altra cosa que soroll, soroll i soroll. ¡Ai! ¿Què volen? Passava la carretera de circumval·lació per davant de casa. L'alçària era d'impressió, i és que hi havia un bon trosset, i, tan a plom, que marejava mirar. I ella amb doble perill de caure perquè es gastava un bon parell de... d'aixones; vostés ja m'entenen. Al remat i després de pensar-ho molt, vaig decidir que calia canviar-nos de pis.

SOGRE. Bé, us ajudarem. (*Baixant la veu.*) Si no escampes la notícia que m'han tocat uns milionets de la «Loto», et pagarem un piset modern.

ELL. En qüestió de bona sort, hi ha qui li ponen els pollastres; i d'altres... I quin secret. La primera notícia, perquè la seua filla no m'havia dit ni pruna de l'assumpte. I això que dormim al mateix llit.

SOGRE. És que ella sap que pegues en llarguet de llengua, i si corre la brama, açò pareixerà «casa Llastimetes». Tots a demanar: que si per a l'església, que si per als pobres, que si per als fills dels pobres sense pares, i per als pares dels pobres sense fills... Una colla de vividors i malfaeners, que ens coneixem. De tota manera, si creus que hem de comprar-vos un pis, t'has enganyat de carrer, amic. Jo parle, en tot cas, de pagar l'arrendament d'un piset senzill i arreplegat, un apartament. Total per a vosaltres dos i la xiqueta...

Ell. ¡Ai, qui no pot segar espigola! Però, ¿no ens deixarà amb els mobles vells i corcats que vam portar del poble? No farien bé en un pis nou.

Sogre. Haver-los conservat bé com van fer els meus pares, els seus i nosaltres abans de deixar-vos-els. Però vosaltres, ¡au, a trencar-ho tot: balafiadors!

Ell. Però si fa vergonya que vinguen visites a casa i els vegen tan destartalats.

Sogre. Prou faig pagant-vos el lloguer del pis. ¡Qui no tinga diners que no tinga vicis!

Ell. (*Al públic.*) I després de tantes històries, ens vam quedar com fava: sense pis nou i amb tota la mateixa vella ferralla. (*Fa una pausa com qui pensa i ens deixa veure la situació; mentre enrotlla un cigarret.*) Jo crec que si dins de casa haguera trobat una altra qualitat de vida en utensilis, llits, taules, roba..., un altre pelatge més atractiu, vaja, hauria superat la constant obsessió d'anar-se'n al balcó. Ja se sap: qui està bé no es meneja. Però, clar...

Ella. ¿No has vist el balcó? Cada dia està més preciós, més atractiu. ¡I té unes vistes!

Ell. ¡Deixa eixes quimeres! Cal que t'ocupes de ta casa i no et capfiques en el que passe fora.

Ella. Mira, fixa't allà baix, pareixen peixets: xop, xop, xop, xop; glup, glup, glup, glup. Amb els ullets de peix i la boqueta oberta de peix: xop, xop, xop, xop; glup, glup, glup, glup. (*Se'n va, repetint aquests sorolls.*)

Filla. ¡Pare! ¡Pare! ¡La mare se n'ha anat!

ELL. (*Corre cap a un lateral, on es troba Ella a la qual parla paternalment.*) Però, dona, acaben de cridar l'ascensor i encara no ha pogut pujar. No podràs obrir la porta. ¿No veus que es troba encara allà baix?

ELLA. (*Intentant obrir la porta.*) En això està la gràcia, en això està la gràcia precisament: en el fet de baixar al recte, sense ascensor.

ELL. (*Apropant-se a l'altre lateral.*) Jo crec que cal portar-la a un bon metge. ¿No li pareix?

SOGRE. Això ho sabràs tu millor que jo.

ELL. (*Com si li costara de dir.*) Però, són coses molt delicades i que cal que en parlem, perquè, clar, són situacions i... Sí, és lògic per altra part. Però... (*Decididament i ràpida.*) En fi, que si anem a un metge particular ens costarà un dineral. Cal pensar en anàlisis i proves minucioses, un reconeixement a fons. I, potser, fins i tot caldrà internar-la.

SOGRE. Clar i net, tu el que vols és que jo em rasque la butxaca, ¿veritat que sí?

ELL. Al cap i a la fi és la seua filla, ¿no?

SOGRE. Qui sap si no ha arribat a aquests extrems per la vida que li dónes. Podies buscar treball, ¿no?

ELL. Si no ho diu rebenta. Sabia que acabaria anomenant el tema. ¿I no ha pensat en la vida que em dóna ella a mi?

SOGRE. Pel que es veu, sou un model de generositat: no pareu de donar-vos.

ELL. Deixem-nos de gracietes. El cas és que vosté la va portar al món.

SOGRE. Anem a pams, eixa va ser sa mare.

ELL. Però vosté la va ajudar, ¿no? Ja faria alguna aportació, ja.

SOGRE. ¡Ni parlar del cafetí! En qüestions de diners ja t'apanyaràs com pugues.

ELL. Doncs, li ho diré a la seua dona, una mare sempre és més comprensiva.

Sogre. Això que no et passe pel cap. ¿Per què anar-li amb eixes cabòries? ¿Per què preocupar-la més? Prou té ella amb un cor que no val un gallet.

Ell. O siga, que no hi ha res a fer.

Sogre. Res de res.

Filla. (*Cantant-li al Sogre.*) ¡Agarrat, més que agarrat, cara d'escarabat! ¡Agarrat, agarrat, cara d'escarabat! ¡El meu avi és l'orso del carreró, menja farina i caga segó!

Sogre. (*Llançant-se sobre la xiqueta, que es resguarda al darrere del seu pare.*) Ja et diré jo a tu, rebordonida. (*A Ell.*) Açò és cosa teua, que ets un punxa.

Ell. (*Al públic.*) Total: tres buits i un abocat. Vam haver d'anar al metge de la seguretat social. Aquest, per cert, era molt amable, no com altres que només els falta mossegar. Sí, es va portar molt bé. (*S'apropa amb Ella a la taula del metge.*)

Metge. (*Amb posat de metge, recepta en mà, etc..*) La pacient presenta un quadre filo-fòbic d'ordre endogen incentivat per factors contexto-situacionals exògens. (*En to planer.*) En altres paraules: ¿per què no se'n van a viure a una planta baixa?

Ell. La veritat és que ara per ara no ens és possible; no ha acabat de quallar una ajuda que esperàvem.

Metge. És que la seua senyora, i encara que estiga ella davant li ho dic igual, troba una irrefrenable inclinació cap a les fondàries tèrboles i buides de l'espai, una inclinació que la transtorna. D'açò Freud conta i no acaba, diu...

Ell. A mi m'ho dirà. Si diu que escolta música i tot, que puja des d'allà baix.

Metge. I ¿quina classe de música?

Ell. De tots els estils. Especialment passos-dobles, i últimament boleros de Machín. (*Cantant.*) «Pero si un amanecer, las gardenias de mi amor se mueren»... ¡Ehem, ehem!

METGE. I qualsevol dia, ballant ballant, se n'anirà al recte per escoltar la música millor i més a prop.

ELL. ¿I què podem fer?

METGE. Jo li receptaré unes pastilles, uns ansiolítics. Per receptar que no quede; però, en realitat, la solució més efectiva perquè no es tire d'un nové pis és que visquen en una planta baixa.

ELL. (*Al públic.*) Això de canviar-se de pis és més fàcil de dir que no de fer, perquè els primers pisos estaven ocupats. Ja se sap: finques velles, jubilats que no volen escales; i com nosaltres érem més joves... Però les manies no les curen els metges i ella seguia amb la seua obsessió. Allò era un matapersones. A mi, unes se me n'anaven i altres se me'n tornaven fins que no vaig poder més i vaig decidir tallar pel sa: tapar la porta del balcó. I allò va quedar la mar de fort i curiós: rajola massissa del dotze, lluït i pintat. I sense queixa del preu: l'obrer era un xicot sense faena, company de partida de truc i, amb quatre copetes, pagat.

ELLA. ¡Criminal, assassí de finestres! ¿Què m'has fet ací?

ELL. Dona, comprén-ho: evita l'ocasió i evitaràs el perill.

ELLA. Tu sí que estàs fet un bon perill. ¡Que no veus que així no podré arribar al meu balcó!

FILLA. ¡La meua nina! ¿On és la meua nina?

ELL. Tot s'ha fet a fi de bé, i tu estaràs així més tranquil·la.

ELLA. ¿I les meues plantes?

FILLA. ¡La meua nina, jo vull la meua nina!

ELL. Elemental, amb les presses tot s'ha quedat al balcó.

ELLA. ¡Segrestador de plantes, torturador de xiquetes, assassí de nines!

FILLA. (*Bramant.*) ¡Jo vull la meua nina!

ELL. (*Al públic.*) Vaig haver d'avisar els de la partideta. Els amics i els... d'aixons són per a les ocasions. Van despenjar una escala del pis de dalt. Van baixar l'obrer i un altre amic, un tal Norbert, i van pujar del balcó les punyeteres plantetes de la meua dona i la nina pollosa i bruta de la meua filla. Un perill més dels molts que he hagut de passar per la família. (*Algú que imaginàriament passa li trenca el sospir acabat d'iniciar. Parlant-li cap a dins de l'escenari.*) Escolta, ja tenia jo ganes de mamprendre't per davant. Gràcies per anar amb la historieta de l'obra a l'amo del pis. No t'has encantat d'anar a escudellar-li-ho a «Don Quesús»... ¡Que tenies por que es gelara, so llepaculs!

Veu del PORTER. (*Dins.*) Juguem a respectar-nos, juguem a respectar-nos, que al cap i a la fi, jo, com a porter que sóc, represente l'amo, represente l'autoritat. I he de donar part de les novetats: dels esdeveniments consuetudinaris que succeixen a la *rue*, vull dir, en la finca. Sóc un funcionari, com un notari que dóna fe.

ELL. Però, si tu la paret no l'has vista. ¿A tu què t'importa?

PORTER. Jo, els ulls de la justícia, en col·laboració amb les teues veïnes, ho veig tot i ho sé tot. És la meua sacrosanta responsabilitat.

ELL. ¡Desgraciat! Fer-li açò a u de la teua mateixa classe com jo. (*Al públic.*) Total, que vam haver d'anar al jutjat, ja que el tal «Don Quesús», a qui interessava en aquell moment el pis, va trobar, amb l'excusa del balconet, l'ocasió de fer-nos-en fora. I ens va denunciar. El sogre, quan va veure que les coses rodaven malament, va afluixar la mosca i ens va pagar un bon advocat. (*Pausa.*) De tota manera, no hi va haver res a fer.

ADVOCAT. Ja els vaig dir que estava molt negre. (*Al marit i al sogre amb to tècnic.*) Des del punt de vista de l'ordenament jurídic actual i tal com s'expressa en la primera part del contracte: «Els drets de les parts contractants vindran determinats pels drets de la primera part contractant menys els drets de la segona part contractant. En canvi, en la segona part del contracte s'especifica que els drets de la segona part contractant es regiran pels drets de la segona part contractant, menys els drets de la primera part contractant». ¿Em segueixen? (*A part.*) Ara no sé si açò se sumava o es dividia per dos. (*A Ell.*) O siga, que no hi ha manera. Però, sant home, ¿en quin cap cap tapar l'únic forat de casa que donava al carrer? ¿Que vosté no coneix els articles 3, 14, 16 i següents de la Llei de la Propietat de Propis i Estranys? (*Ell nega.*) Per això passa el que passa.

ELL. Ja sap vosté per què va ser. U creu que fa les coses de la millor de les maneres, i mira... Si ella no haguera estat així...

ADVOCAT. Menut canyaret ha muntat vosté. Haguera pogut consultar abans d'obrar.

SOGRE. (*En actitud de set-ciències.*) ¿I si recurrim al Tribunal Constitucional?

ADVOCAT. (*En to commiseratiu.*) ¡Calle, home calle! Ni al Tribunal Constitucional, ni al de la Santa Inquisició, ni al de les Aigües. Açò està perdut sense remei.

ELL. (*Al públic.*) Per no fer-ho llarg: ens en vam haver d'anar d'aquell pis. Portàrem els mobles a una cotxera que el meu sogre tenia desocupada. Ella i la xiqueta se'n van anar a viure amb els sogres, que les podien atendre millor. La meua sogra tractava la seua filla com una criatura i no li deixava fer res. Estava tot el dia donant-li tassetes i pastissets de moniato, vegen vostés. A mi, em van encolomar en aquesta pensió on encara, per poc cost, em tenen aviat. Anava a dinar i a sopar a casa dels sogres, perquè jo sempre he pensat que hi convé menjar en família: menjar junts és una institució que cal preservar. I, a més, perquè estava en el meu dret, perquè per això, des que em vaig casar, vaig haver de dedicar-me en cos i ànima a la meua dona i deixar moltes ocupacions que tenia. I ara, a aquestes edats, i de repent, ja era tard; era massa tard per anar a buscar una col·locació... honrosa i d'acord amb la meua categoria. El meu sogre em va oferir un treball en la seua fàbrica, però no vaig acceptar. Ho comprendran, clar: no podia acceptar perquè no vull que mai algú puga dir que m'aprofite del meu sogre i visc a les seues costelles. La dignitat és l'última cosa que es pot perdre: ¡Pobrets, però honradets i amb orgull! (*Bevent mentre recorda.*) Pocs mesos després, ella va passar a millor vida. ¡Carrera de món! El seu pare es va entestar a continuar dient que tot era culpa meua per la mala vida que li havia fet passar. Però, no és veritat... Ja veuen vostés. ¡Què no hauré fet jo per ella?

Veu del Sogre. (*En off.*) ¡Ja està bé de malfaeners! ¡En aquesta casa qui no treballa no menja! O siga, que quan et decidisques a treballar, torna i trobaràs les portes obertes. Si no, res de res.

Ell. (*Al públic.*) I em van tancar les portes d'aquella casa. Jo, de tota manera, no els ho tinc en compte perquè sé que el temps i la meua filla em donaran la raó. He acceptat que el meu sogre li pague un bon col·legi a la xiqueta, perquè només amb una gran cultura, ella podrà comprendre, el dia de demà, el seu pare, i estar-ne orgullosa per com he sabut resistir solidàriament. Jo no vull privilegis per ser el gendre de l'amo: si ens ha tocat un temps de crisi i no hi ha treball, no hi ha treball per a ningú. ¡O tots moros o tots cristians! Cap parit no podrà dir que a mi em manté ningú. ¡Faltaria més! ¿A que vostés haurien fet el mateix? De totes totes, segur.

(*Les Màscares van ocupant l'escenari i arraconant el personatge que, finalment, conduït per una Màscara, que li torna a posar la gorra, ix d'escena. S'ou el dringueig d'una moneda per terra i veiem com tres màscares es fiquen el capell de bufó i es llancen sobre ella. Queden congelats en actitud agressiva. Mentre, entren el Marit i la Muller del quadre següent, amb gorres de bufó, i es queden astorats contemplant l'escena.*)

MÀSCARA III. (*Sense trencar la positura i dirigint-se a ells.*)
Ploren per massa
riuen per poc.
¡Au, matrimoni,
jugueu al joc!
TOTES LES MÀSCARES. (*Cantant.*)
Vinga el dimoni
a poc a poc,
al matrimoni
pegueu-li foc. (*Bis.*)

(*Les màscares lleven els barrets als personatges i desapareixen.* FOSC.)

QUADRE II

(*Sona el timbre de la porta. De fora se sent una veu que diu: «Carter». S'il·lumina l'escena mentre la Muller entra amb el periòdic enrotllat. En talla la faixa i comença a llegir-lo.*)

MARIT. ¡Ja estem agarrats! ¿Com vols que et diga que m'agrada esgarrar la faixa a mi, que el periòdic ve al meu nom, que és meu?

MULLER. Tots els dies la mateixa cançó. ¡Au, pren, fill, pren! (*Li dóna el periòdic.*)

MARIT. I encara com he escoltat el timbre, que si no estic alerta em quede *in albis*.

MULLER. ¡Com si t'haguera faltat algun dia!

MARIT. Si no és això, però si no estic a l'aguait i el pesque a la primera, li'l puges a la veïneta i busca qui t'ha pegat. El baixa tard, amb els passatemps solucionats i retallat el cupó de promoció.

MULLER. ¿Què has de dir tu de Doloretes?

MARIT. Jo, res, res... pensava. Pensava que podríeu pensar que és l'única distracció que tinc.

MULLER. Sí, fill, sí; i els nostres diners ens costa, no cregues, perquè amb la mania de la subscripció anual i que te l'envien per correu, tots els dies, ens resulta un bon pessiguet. I en canvi, quan et demane diners per a la casa, no ets gens generós ni puntual, et tornes del partit del puny tancat.

MARIT. Dona, ja saps que mentre no m'aproven la inutilitat total, la paga és reduïda i amb la pensió no podem fer molts miracles. Hem de lligar-nos bé les espardenyes, i no podem donar pa als gossos perquè l'any és llarg.

MULLER. Doncs, parlant de gossos, ja podries anar al quiosc a comprar els teus paperots. O, millor encara, no els compres i més tranquil, que tampoc se t'ha perdut res en els romanços dels diaris. I dic jo si no hi hauria prou comprant-ne un cada setmana, o els primers divendres de mes; si sempre diuen el mateix. Això sí, ampliat i rebuscat, perquè per a dir panera, vinga les pàgines, com si els pagaren per quilos. (*Se'n va.*)

MARIT. ¡Vil materialisme i incultura mundana! (*Meditant «hamletianament» amb el diari a la mà a mode de crani.*) Ací tenim el dilema: llegir o no llegir el diari. ¿Què és millor, estalviar-se els diners i no llegir? ¿Llegir els diaris dels altres, o posseir el propi i personal periòdic? ¿Què és millor, anar al quiosc com un anònim comprador de premsa més o que el carter m'individualitze, portant-me'l a casa? ¿Una vegada més ens ofegarà la vida? I pensar que amb uns pocs diners aconseguisc la distinció de veure el meu diari, que amb el meu nom, un diligent missatger d'alada cartera em porta a ma casa. ¡El meu nom, que sempre ha paregut vulgar, exempt de tota importància!... Aquest és un exquisit present, desitjable i temptador. Una atenció tan delicada per part d'aquells cavallers que, encara que viuen tan lluny, tots els dies, ploga o neve, se'n recorden de mi. Pensat, escrit i fet per a mi, m'arriba aquest obsequi singular, amb el meu nom i cognoms i la meua adreça: el nom del carrer i el del poble. I tot amb lletra grossa i clara, perquè tots ho vegen. Ací tenim el regal que alleugereix el pes de les meues calamitats, ja que sense ell, ¿qui suportaria els ultratges d'aquesta vida, els insults i el menyspreu d'elles, el ser una suma indefinida del no-res amb resultat negatiu? (*S'atura i reprén el parlament amb to agraït.*) I, tanmateix, aquells excelsos cavallers, encara que no em coneixen, gentilment i amablement m'envien un món en miniatura, un món en conserva i a punt d'obrir i de deixar eixir del seu fons fets i gent i anuncis i imatges...

I pensar que amb unes pessetes de no res tinc a la mà aquest regal que ells em fan, i que no pagarà tot l'or del món. Perquè els meus diners són una mínima ajuda per a agrair, que, des de tan lluny, em tracten millor que altres persones que, encara que viuen tan a prop, només saben fer-me la vida impossible.

(*Sona el timbre. Entra en escena una dona quarantona, que fa veure, pel seu aspecte, que es guanya la vida no molt honrosament. Entra rient-se amb la Muller. Seuen en un cantó mentre el Marit es queda en l'altre amb el periòdic obert.*)

LOLA. Jo pensava que la trobaria en casa.

MULLER. Tampoc tardarà gens a tornar, perquè ha anat de visita. És que al fill d'una amiga seua li han tallat una cama.

LOLA. ¡Ai, quina desgràcia...! Però, és que, xica, tenia jo interés que m'explicara la recepta del bescuit de xocolate i clara d'ou que fa ella tan bo. Al d'avui... (*Corregeix, ràpidament, no vol que el Marit se n'assabente. Aquest seguirà tota la conversa fent carasses i gestos per tal d'evidenciar que sap perfectament «les particularitats» de Lola.*) al meu cosí Constantí li agrada el xocolate, i com ve a la vesprada, clar, jo pensava...

MULLER. Sí, Mari, i és que la meua *mamà* té una mà per als dolços...; segur que si li ho dius, te'l fa ella.

LOLA. ¡Ui! Dona, no voldria abusar; però segur que així ens ix perfecte. I és que ta mare és tan amable i tan senyora... (*Ensenyant-li un collar molt cridaner.*) ¿T'agrada el regalet del d'ahir... (*Corregeix.*) del meu cosí Serafí? Xapat d'or.

MULLER. Bonic i discret. Escolta, Doloretes, ¿anirem demà a ca'l rander i comprarem les cortines?

LOLA. ¡Ai, xica!, m'ho has llevat de la boca. Ja sabia jo que havíem de parlar i no sabia de què. Demà, precisament demà, ve el meu cosí... (*Es para a pensar.*) Bernadí, segur que el coneixes; sí, xica, el dels cabells agraïts. Si ve quasi totes les setmanes. Precisament m'ha telefonat fa un moment per dir-m'ho. Però de despus-demà no passa, segur, perquè el meu cosí Constantí...

MARIT. (*Burleta, al públic.*) Constantí, ¡eixe ja l'ha dit, eixe ja l'ha dit!

LOLA. (*Un poc atordida.*) Faustí... Vull dir el meu cosí l'arquitecte, el dels dijous. Sí, xica, el que els dijous em dóna classes de...

MARIT. (*Fort i amb doble intenció, fent conya.*) ¡Classes!

LOLA. (*Més nerviosa*)... de primers auxilis, això, de primers auxilis. Ja saps, com és de la Creu Roja, ara li ha passat pel cap fer-me'n sòcia...

MARIT. (*Igual.*) ¡Sòcia! (*La dona el mira amenaçant, ell tus i corregeix com si llegira el diari.*) Sòcia, social... les classes socials, la lluita de classes, el partit social, socialista... (*Sona el timbre.*)

LOLA. Mira, ja torna ta mare.

MULLER. M'estranya, perquè ella porta claus. (*Obri i entra Norbert.*) ¡Hola, Norbert, passa, avant, home! ¿Com va això?

NORBERT. Mira, que venia a tornar-li el paraigües al teu home. Me'l va deixar l'altre dia quan plovia... ¿Què, com anem?

MARIT. Marxant, fill, ací sempre anem marxant; més bé de marxa. ¿I la dona i els xiquets?

NORBERT. (*Amb més atenció per Lola que per la conversa.*) Bé, bé.

MARIT. ¿Continuen reajustant la plantilla a la fàbrica?

NORBERT. Bé, bé. Vull dir que potser se solucionen els problemes... i això.

(*Els quatre continuen drets, un tant violents.*)

LOLA. (*Que es manifesta atreta per Norbert. Coqueta.*) ¿No ens presenteu?

Marit. ¡Ah! Sí, perdona. Norbert, un antic company de l'empresa. Lola, la veïna dels... la veïna de dalt. Supose que t'hauré parlat d'ella en alguna ocasió... (*Norbert la mira descaradament de dalt a baix.*)

Norbert. Sí, sí, en alguna ocasió...

Lola. ¿També venedor?

Norbert. Una miqueta de tot. Imagineu que l'altre dia vaig fer de manobre, i entre el Gregori i jo vam alçar una paret i vam tapar un balcó perquè la dona d'un amic pareix que volia tirar-se i...

Marit. No li feu cas. Norbert és muntador. Ell controla la cadena de muntatge; arma i desmunta un televisor en un tres i no res. Sí, senyora, un dels millors tècnics de la casa. Posar les seues mans i funcionar qualsevol aparell de televisió, tot és una.

Lola. ¿Tècnic de televisió? ¡I quina sort! Precisament tinc l'aparell desbaratat i necessitava jo que un bon tècnic li clavara les mans. Perquè els tècnics de la casa encara tardaran uns dies, i com jo li done tanta batalla... A més, si té tan bones referències i és amic, tot queda en casa.

Norbert. (*Desmuntant-la amb els ulls.*) Clar, clar, amb molt de gust. Anem i ho mirem i ja veurem què podem fer. De provar no perdem res. (*Passant de la vista al tacte.*) Doncs bé, anem allà que ací ja estem. Com diu aquell: quan en passen se n'agarren. (*Recordant la presència del matrimoni, quasi des de fora i per compliment.*) ¡Família, ja ens veurem, que estigueu bons!

(*Se'n van. L'home i la dona es queden mirant-se astorats.*)

Muller. ¡I quina poca vergonya! Fia't dels mansets i veuràs: casat i amb tres fills i... ¡Vaja! ¡Vaja amics que tens!

Marit. ¡Això és! Com si la teua amiga de l'ànima no s'haguera insinuat descaradament. Que en sentir que era muntador ja ha començat a fer-li palmes. ¡No sé què s'haurà pensat!

MULLER. I si ell que té fills fa això, ¿què no faràs tu? ¡A saber! Si és que tots sou de la mateixa pasta. I no vingues amb l'excusa que no ixes de casa, que els gats vells amb poca corda...

MARIT. Però, ¿que estàs cega o no t'hi veus? ¿Que no has vist com Lola no ha parat de comprometre'l?

MULLER. ¿Qui? ¿Doloretes? Si ella ho deia tot amb la millor intenció, amb el cor en la mà. El que passa és que el teu amic se la sap molt llarga i vol aprofitar-se de la innocència de la meua amiga.

MARIT. ¿Innocent? Una altra te'n contaré i et faré riure, si això és més... que les gallines, menut putot. I no em faces creure que no ho sabies, que acabaré pensant que tu ets tan bandarra i putot com ella. ¡Sí, bandarra i putot!

MULLER. ¡Com! (*Amb indignació creixent.*) Açò que m'has dit no t'ho perdonaré en la vida. Que mai més no et passe pel cap tornar a parlar-me. ¡Ja hem acabat!

(*L'insulta, li tira qualsevol cosa al cap i desapareix.*)

MARIT. Jo no sé què li haurà donat el pendó eixe, però estan carn i ungla. I és que com pitjor és una cosa més faena dóna. ¡Quan l'home se la va deixar...! Eixe sí que sabia el que es feia, perquè aquesta no s'adreça ni posant-li una estaca. Tots els mascles li vénen bons. Igual li donen joves que vells: si té peçó, pimentó. I el seu pis està més concorregut que la Plaça Major en dia de mercat. (*Torna a agafar el periòdic i parla amb un to cada vegada més «hamletià».*) Per açò no m'agrada que aquest obsequi, que m'envien tan amorosament, i que tan amorosament espere, vaja a parar a sa casa, perquè allò no és net. Alguna cosa fa olor de podrit en el seu pis. (*Parlant-li al diari amb excitació creixent.*) No vull que ningú contamine la teua immaculada virginitat. No vull que caigues en mans de tots els mardans que visiten aquell antre; la mirada d'aquells ignorants et contaminaria encara que només et miraren de reüll. Encara que et tornen sencer, ja no ets el mateix, ja no ets el mateix si jo no sóc el primer.

(Llum irreal. Música discordant de «bolero» i coreografia de les màscares que envolten el Marit i li llancen fulls de diari. Mentre se sent:)

Més de 40.000 quilos de runa, ferralla, diaris i cartó s'acumulen en un pis del carrer Reina Na Germana de València.

El propietari, un senyor de més de 65 anys, que viu sol amb sa mare, en reposta a les protestes del veïnat, que es queixava pel perill d'ensorrament de l'edifici, ha declarat que el pis és seu i que hi fica el que vol. I ha afegit: «I a qui no li agrade, que se'n vaja, perquè jo estic molt rebé».

Els F-18 actuaren en legítima defensa

Dos bombarders nord-americans F-18 han llançat míssils i han abatut dos avions quan sobrevolaven les costes de Líbia. Segons declaracions de la Casa Blanca s'ha pogut comprovar que els avions libis anaven armats i tenien actituds hostils i agressives.

Operen l'orella a un xiquet ingressat per amigdalitis.

El cirurgià, tot i acceptar la seua possible equivocació, va declarar que el pacient ho agrairà perquè realment les orelles eren molt lletges.

Es troben una cama de dona al carrer Alcàsser de València.

La dona que la va trobar declarà molt alarmada: «Vaig veure la cama i vaig arrancar a córrer». Encara que aquesta cama pareix que siga del cadàver de Torís, la policia no troba cap relació amb la mà trobada a l'autobús, el fetge perdut o el cervell aparegut a la porta del Cinema Museu de València en un pot de vidre.

Investigació d'una xarxa de traficants de caps i òrgans humans a Holanda.

Una anciana, després d'una forta discussió, apunyala el seu marit invàlid.

Lola, estricta, dominadora, disciplinada, submisa, autèntica. Telèfon 69 69 69. Màxima discreció. Crèdit o comptat.

Es busca cantant de flamenco i polca per a grup heavy.

(*Acaba la música i desapareixen tots. FOSC.*)

(*Quan es reprén l'acció la Muller està pentinant sa mare.*)

SOGRA. ¿Això t'ha dit el catxotxes eixe?

MULLER. Com ho sent, *mamà*. Vaig haver d'engolir-me-les com el puny i callar. Perquè una és prudent, no crega, i no volia arribar a majors; perquè, si m'arromangue, li faig saber com les gaste.

SOGRA. ¡Ai, senyor, la meua xica, la meua xica! I per quines situacions has de passar. Jo ja t'ho deia: mira que és un home que no et convé, mira que és molt més major que tu, mira que no ve de bones famílies de tota la vida, mira... I tu, ¡au!, sense mirar, a cegues. I ja se sap: ulls que no s'hi veuen...

(*Entra el marit, creua l'escena i va a aseure's. La dona, que no vol romandre on ell es troba, se'n va. La sogra el contempla amb menyspreu.*)

SOGRA. ¿No t'ha caigut la cara de vergonya en dir això que li has dit a la teua dona?

MARIT. Però, si jo...

SOGRA. (*Tallant-lo amenaçadora i sense deixar-lo parlar.*) Però, dis-me, desgraciat, més que desgraciat, grandot debades, així ja hauràs pogut, ja, clavar-te amb la nena.

MARIT. Però, si el cas és que jo...

SOGRA. (*Torna a interrompre'l amb ironia.*) Un cavaller... Però, cal ser un cavaller i aquest no és el cas. Un cavaller mai insulta una dama.

MARIT. (*Perdent la paciència.*) Quan la dona es comporta com una dama. No em marege, no em marege, que va començar ella.

SOGRA. ¡Què sabràs tu de dames ni de cavallers, venint d'on vens!

Marit. ¡Senyora, sense insultar!

Sogra. Ravaler, més que ravaler, mort de gana. Tu, ni cavaller, ni home. Perquè tu no tens això que cal que tinguen els homes.

Marit. ¡Ara m'ha acabat de tocar el rematament de la música! ¿Diu això perquè no tinc fills? ¿És que no li ha contat la seua filla el que li va dir el bèstia del metge, quan després de tres anys de casats vam anar a la consulta? Doncs, mire, en aquell moment sí que va plorar. Allà hauria d'haver estat vosté i hauria escoltat cosa fina. Això, un metge amb tres carreres, no crega; perquè directament i sense anestèsia va amollar:

(*Queden congelats. Se sent la veu del metge.*)

Veu del Metge. (*En off.*) Cavaller, ací no hi ha res a fer. Si vol fills els adopta, perquè en relació a la capacitat reproductora de la pacient el diagnòstic definitiu és malformació genètica, és a dir, que aquesta senyora és més home que dona.

Marit. (*Reacció de triomf del Marit.*) ¿No volia finor?: doncs prenga finor. Sempre parla qui hauria de callar.

Sogra. Animal, més que animal. Menuda vida li has fet passar a la pobra criatura.

Marit. (*Escarnint-la.*) ¡Pobra criatura, pobra criatura! No serà tan mala la vida que els done quan vosté no se'n va d'ací ni a espentes ni a barrades. Que ha vingut, s'ha instal·lat a pensió completa i, ¡au!, a viure. I és clar, on vaja, qualsevol l'aguanta. ¡Boniqueta és!

Muller. (*Entra sobtadament, agressiva, amb un ganivet a les mans.*) ¿Què estàs dient-li a ma mare, desgraciat? ¡Ja podries, ja! Amb una senyora dèbil sí que ets valent. ¿No et fa vergonya donar-li eixe disgust, rebordonit, mighome?

Marit. Maru, controla't, que et perds. Recorda el que deia el psicòleg: «Relaxació, punt tres». ¡No juguem amb les coses de menjar!

SOGRA. (*Atacant amb una paleta de matar mosques.*) ¡Vinga, pcr ell! ¡Porta-me'l, que amb això no tens ni per a un forat de nas, menja-te'l viu! A veure si ara és igual de pollastre i ens conta l'autèntica versió de la visita al metge.

(*Queden congelats. Se sent la veu del metge.*)

Veu del METGE. (*En off.*) Senyora, ací no hi ha res a fer. Si vol fills els adopta, perquè en relació a la capacitat reproductora d'aquest home el diagnòstic definitiu és: «N.S.P.O.» O siga, que només serveix per orinar.

(*Tornen a l'atac. La Sogra anima la Muller i envolten el Marit entre les dues.*)

MARIT. Maru, serenitat. Domina les baixes passions... ¡Maru, que qui juga amb canyetes es pot fer tallets!

(*El cercle va tancant-se. Cau alguna cadira. Ell es defensa amb el diari plegat en forma d'espasa. Quan més a prop es troben els tres i pareix que passarà alguna desgràcia terrible, sona el timbre. Es queden mirant-se fixament un moment. Torna a sonar. Deixen els objectes i dissimulen. La sogra obri. Entra Lola i la Muller esclata en plors apropant-se a ella. Les tres dones juntes formen un grup central. El Marit queda sol, desplaçat.*)

LOLA. ¡Calma, tranquil·litat! ¿Què passa, Maru? No plores, que tot té solució. ¡Au!, anem, vine. Pugem al meu pis i Doloretes et farà una tassa de til·la. ¡Au, va!, que això no ha estat res. (*Se'n van les tres.*)

MARIT. Ràpid a xarrar-li-ho tot. Això sí, carregadet de bombo en contra meua, que ja veuràs quina versió dels fets li fan. La mala pècora eixa les acabarà d'encarrilar. I ja pot, ja... amb la seua experiència. Li tornarà a traure el tema de l'advocat i la separació i tots eixos romanços. Preocupar-me, no em preocupa. No em preocupa deixar de veure-la, perquè amb aquest pla de vida familiar... Però, m'atemoreix haver d'anar a viure a una pensió. ¡Com en casa no hi ha res! I si se'n va ella, que no sé on aniria, ¿qui anava a dur la casa?: el menjar, la neteja... I jo ja no sóc jove. ¡Dones! ¡Dones! ¡Tan bones com estan algunes i tan remalignes que són la majoria! (*Prenent el diari de forma cada volta més maternal.*) Aquest sí que és diferent: fidel, submís, comprensiu, amable. He d'agrair tant a aquells senyors que amb aquest obsequi em rescaten d'aquesta mísera vida familiar... Perquè, estic segur que per a ells, que me l'envien, no sóc un individu anònim, u més de la massa municipal i espessa. Elles, pel contrari, han fet de mi un ningú, un zero a l'esquerra que només existeix perquè, com a subjecte passiu, cobra la paga que elles s'emporten sense deixar-me ni per a tabac. Però açò no m'ho llevaran mai, és la meua porta a la vida, el meu segur d'existència. Jo sóc algú definit perquè ho diu aquesta faixa, aquesta etiqueta, i continuaré sent algú mentre aquest paper ho diga. Mentre m'envien aquest objecte, únic i canviant cada dia, jo seré el mateix i diferent cada matí.

(*Tornen les Màscares a ocupar l'escena d'on trauen el Marit, tot fent-li burla i ficant-li el capell de bufó. Mentre componen l'escenari se sent, des del fons de la sala, una veu inquietant que rítmicament repeteix: «¡Halaxi, halaxi!». La veu, i l'actor-Màscara que simula ser coix i geperut, han d'atraure l'atenció de tot el públic. L'actor, amb barret de bufó, avança per les butaques cap a l'escenari amb una cama sangnant al coll i un cresol encés en la mà. Els actors s'agrupen, retrocedeixen astorats i intenten d'impedir l'eixida de Lluïsa que, finalment, trenca les barreres i avança directament, com imantada, cap a la cama, no sense que li encolomen el corresponent barret. Lluïsa mira la cama indecisa sense saber si riure o plorar.)*

MÀSCARA IV. (*A Lluïsa.*) Bé rigues, bé plores:
en l'espill ens veiem. (*Al públic.*) Ja rigues, ja plores:
com aquests us veureu. (*A Lluïsa.*) Ja rigues, ja plores:
¡Família, actueu!

(*Queda ella tota sola. FOSC.*)

QUADRE III

(*Va pujant la llum mentre oïm una conversa que paulatinament va fent-se més intel·ligible entre el metge i Lluïsa.*)

LLUÏSA. ¡No és tan fàcil, no és tan fàcil! Açò són coses per a pensar-les molt. Caldria valorar, buscar altres solucions i si no hi ha més remei, ja podríem decidir; però, mentre queden altres possibilitats menys traumàtiques, més humanes, vosté ha de comprendre que...

METGE. Senyora, cal decidir-se ja. No hi ha temps per a reflexions ni romanços. Hem entrat en un procés irreversible que ens obliga a fer una intervenció ràpida, contundent i ací mateix; no podem ni pensar en el trasllat. Jo, per si de cas, he cridat l'ATS, que per cert hauria d'haver arribat ja. O siga que depén de vosté, perquè se'ns en va de les mans. (*Sona un timbre.*) És qüestió de vida o mort. (*Torna a sonar el timbre. Ella està atarantada. El metge és qui obri. Mentre va, la dona contesta.*)

LLUÏSA. Si no hi ha més remei... ¡Què li farem! Una ens en toca i a cadascú li arriba la seua quan Déu vol.

PRACTICANT. (*Entrant amb un maletí al qual la dona no li llevarà els ulls de damunt.*) ¡Vaja un dia que portem! ¡Amb les presses he deixat la criatura sense llavar! ¡I quin part! Ha estat llarg i complicat..., mogudet; clar, després de catorze mesos d'embaràs... I encara ens diu la que anava a parir que si no podíem esperar-nos un dia perquè arribara la seua mamà, que venia en tren i no sé què d'un Mercedes...

METGE. Escolta, mante, amputa el rotllo que estem esperant-te.

PRACTICANT. ¿Tan mal estan les coses?

METGE. ¡De pronòstic! No hi ha més remei que actuar. ¿Portes tot l'instrumental quirúrgic? (*El practicant afirma. El metge agafa el maletí: l'obri damunt d'una taula i trau unes tenalles, una destral i per fi un xerrac de grans dimensions, amb els consegüents gestos de terror de la dona. S'apropen al malalt que està estés darrere, damunt d'una taula.*) No sabem si és un virus extern o un gen intern, però, siga el que siga, s'estén a la carrera i cal controlar-lo. Si volem salvar la resta del cos hem d'amputar el membre gangrenat.

(*Conversen mentre actuen i immediatament comencen a serrar. El so ompli l'escena; són sorolls rítmics. La dona es troba ben a punt que li agafe un atac.*)

PRACTICANT. Senyora, pense que seria millor que eixira.

LLUÏSA. De cap manera, preferisc quedar-me: junts en la fortuna i en l'adversitat... Si no hi ha inconvenient.

PRACTICANT. Per nosaltres com vulga, però millor serà que prenga una cadira, perquè...

(*No acaba de dir la frase quan ella cau desmaida. Ell s'apropa, l'asseu i intenta reanimar-la. El so es fa cada cop més agobiant fins que una cama cau en un poal. FOSC.*)

(*LLUM. Mare i filla parlen al voltant del malalt que es troba gitat i a poc a poc va despertant-se. La dona va torcant-li la suor.*)

MARE. Ai, pobreta, com deus haver patit prenent aquesta decisió. M'hauries d'haver avisat. Les mares tenim més experiència. Me'n recorde jo que en temps de guerra van haver d'operar el teu pare, que en glòria estiga, sense anestèsia, no com ara. I va el metge i li pregunta...

BLAI. (*Que va despertant-se mig somniant.*) ¿Per què corre? ¡A per ell, que se'n fuig! Ara vaig... ara vaig...

LLUÏSA. Calle, que va despertant-se. ¡Ai el meu Blai, pobret!

BLAI. ¡Ai mare! ¿Què m'han fet?

LLUÏSA. Tranquil, que tot marxa bé. (*Arregla, desficiosa, el coixí i el llençol que tapa la taula.*)

MARE. Això no ha estat res. Me'n recorde jo que en temps de guerra va caure una bomba i...

BLAI. (*La talla sense escoltar-la, mirant el poal amb la cama que es troba en un cantó, darrere.*) Que tot marxa bé, que tot marxa bé, i m'han tallat una cama. ¿Què vols, que em maten? Però, ¿no veus que m'han deixat inútil per a tota la vida?

MARE. No patisques, home, hauria pogut ser pitjor. ¿Si en lloc d'una cama t'hagueren tallat el coll, què?

BLAI. Que no em preocupe, que no em preocupe... ¿I la meua cama?

LLUÏSA. Tot té solució. M'han parlat d'unes cames de plàstic amb músculs i tendons que doblen el genoll i tot; i només posar-te-la ¡au, a córrer, com si fóra teua! No es nota la diferència.

MARE. I encara et queixaràs. Sort que has tingut. Jo si poguera, em canviava la cama esquerra, perquè note uns dolorets quan muda el temps...; i que em canse molt, jo. I tu, per no res, ¡au, cama nova! I no de fusta, com les que feien en temps de guerra, que me'n recorde...

BLAI. ¡Ai, Senyor, Senyor! Però, ¿com ho has consentit?

(*FOSC.*)

(*LLUM. El metge acaba de curar-li la ferida, es posa alcohol i s'eixuga les mans amb una tovallola.*)

METGE. (*A Blai.*) Tranquil·litat, que açò va cicatritzant molt bé. (*A la dona.*) El procés postoperatori ha seguit una evolució perfecta, i només en vint-i-quatre hores. (*A*

Blai.) Senyor meu, després d'haver eliminat correctament l'anestèsia, podem dir que la part pitjor ja està superada. Si no sorgeixen complicacions, l'operació serà un èxit total, i, gràcies a ella, hem fet de vosté un home nou. (*Va eixint acompanyat de la dona. En el lateral, en un primer pla, els espera la mare a qui Lluïsa s'apropa. El metge a ella*:) Que continue gitat un temps; li administra la medicació tal com li he indicat. I... millor serà, el pugen a la seua habitació; en el llit es trobarà més a gust. Senyora, hem de ser forts i prendre les coses amb paciència. Plore, plore; que amb això no fa mal a ningú.

LLUÏSA. Sí, però no voldria inquietar-lo.

METGE. Segurament ara és millor la sinceritat: que la senta plorar.

LLUÏSA. (*Eixugant-se les llàgrimes.*) ¿Creu vosté que encara hi ha perill?

MARE. (*A la filla.*) Si l'alimentem bé, ja veuràs, ja...

METGE. Estiguen alerta i m'avisen si noten alguna complicació. No passa res, però amb aquestes coses no se sap mai. (*Comença a acomiadar-se i a anar-se'n.*) ¡Ah, sí, la qüestió legal! Prenga aquest paper. A l'ajuntament li expediran la llicència.

LLUÏSA. ¿Llicència per a què?

METGE. Per poder soterrar... açò. Perquè últimament hi ha un comerç de cames i altres parts del cos... I després igual et trobes una mà que un cervell pel carrer.

MARE I LLUÏSA. ¡Mare de Déu, Senyor! (*La mare acompanya el metge a la porta. Aquest se'n va.*)

LLUÏSA. ¡Un enterrament! Només pensar-ho m'esborrone.

MARE. Haurem d'avisar els teus sogres, el veïnat, la funerària, el soterrador... Que revoltegen les campanes; el capellà, la missa de cos present, el funeral, les corones. ¡Senyor, Senyor, quins maldecaps! (*Mira el rellotge.*) Mira, jo me'n vaig a casa, que tinc el dinar al foc i... (*Ix romancejant.*)

Lluïsa. (*Sense fer-li cas a sa mare.*) Caldrà avisar els meus sogres. Jo no els havia avisat per no preocupar-los; però, és natural, si hi ha un enterrament, cal que vinga la família. ¿M'hauré de posar de dol o només de mig dol?

Mare. (*Torna amb la veïna.*) Una bona veïna ajuda més que alguns familiars. Perquè jo no vull dir res, però els seus sogres... ¡Ai, un maldecap més! Hauré d'avisar a tots, perquè després, si no, s'ofenen. (*Se'n va parlant.*) ¡Bé, xiques, que estigueu bones! Si no fóra per mi, que estic en tot, no sé què faríeu. Perquè me'n recorde jo que ja en temps de guerra...

Lluïsa. (*Es posa a plorar i s'abraça a la veïna.*) ¡Quina desgràcia, Senyor, quina desgràcia!

Margarida. Tranquil·la, no plores, que ja no té remei. I mentre hi ha vida...

Lluïsa. (*Canviant de to i deixant de plorar.*) ¿Vindrà el senyor rector?

Margarida. ¡Ai! Xica, ¿què dius?

Lluïsa. Als funerals sempre hi ha capellà. Però, ¿què estic dient? Si el meu Blai encara està viu. De tota manera, s'ha mort per un costat: ¡¡Pel costat esquerre de la part de baix!! (*S'abracen terrorritzades. FOSC.*)

(*Ha desaparegut Blai i el seu lloc damunt la taula l'ocupa un pitxer amb flors. En el centre, en un primer terme, el poal amb el seu contingut macabre. Lluïsa està hipnotizada pel poal. Sona el timbre i ix de la seua fixació. Obri.*)

Taüter. (*Donant-li el condol.*) ¡Senyora!, en aquests moments de trasbals, en l'hora de la veritat, en aquests moments difícils, pompes fúnebres La Pau Eterna li ofereix els seus serveis permanents. (*La dona va negant, astorada, davant la retafila publicitària.*) Trasllats, nacionals i internacionals, suïcidis, embalsamaments, atemptats, catàstrofes nuclears... ¿Li interessa l'última novetat? ¡La incineració en forn crematori a gas propà o elèctric! *Polvus eris et polvus reverteris.*

LLUÏSA. Però, ¿vosté què vol exactament?

TAÜTER. Ajudem els vius a llevar-se els morts de damunt quan arriba l'hora fatídica.

LLUÏSA. Però, és que no...

TAÜTER. (*Canviant de to.*) ¿Tenim o no tenim un mort ací?

LLUÏSA. ¡No! Vull dir, sí. Mire, no ho sé. Sí, però...

TAÜTER. ¿Qui ha faltat? ¿On es troba el cadàver?

LLUÏSA. (*Assenyalant.*) ¡La cama!

TAÜTER. (*Inquiet.*) Senyora, sense bromes, que som professionals, i amb aquestes coses...

LLUÏSA. Nosaltres no l'hem cridat.

TAÜTER. (*Al públic.*) Ja m'estranyava que m'avisaren directament de l'ajuntament i abans que ho sabera la competència. Ara, que la comissió els la passarà Sant Roc. (*A ella.*) Senyora, pels canals reglamentaris m'ha arribat l'avís que prèviament havia passat una senyora major... ¿I com pensen enterrar... això?

LLUÏSA. (*En oir «enterrar» se senya.*) ¡Ai, mare! Aprofitant que està ací, ¿no podria fer-se'n càrrec?

TAÜTER. No és habitual en l'empresa, però per ser vosté... Caldrà fer-li un fèretre (*Sorpresa d'ella*), una caixa apropiada al cas. Me l'emporte per prendre les mides.

LLUÏSA. ¡Li les pren ací! Això ens faltava ara, que la perda i ens quedem sense cama. ¿Que no ha llegit als diaris que se n'han trobat una en l'autobús?

TAÜTER. Però, senyora, si no he portat ni metre ni instrumental.

LLUÏSA. Doncs, ho fa a ull o a pams.

TAÜTER. (*Mormolant.*) ¡A ull o a pams, a ull o a pams! (*A Lluïsa.*) Bé. ¿No tindria, encara que fóra, un cordellet?

(Ella busca i troba un rotlle de cordell de pita. Ell es posa els guants blancs; després se'ls lleva per no embrutar-los. S'apropen per amidar. No s'atre-

veix a agafar la cama del poal. Amb recel, pren mesures a bastant distància. Talla la corda i, en la confusió, es queda el rotlle.)

LLUÏSA. Escolte, que la corda és meua.

TAÜTER. Vosté perdone, ha estat involuntàriament. En fi, me'n vaig. D'ací a un parell d'hores la tindrà.

LLUÏSA. No cal que li pose fusta cara.

TAÜTER. Entesos: un model pràctic i senzill.

LLUÏSA. Però que quede digne. Al cap i a la fi, encara que siga un tros no deixa de ser el que és: part del meu home. (*S'acomiaden.*)

(*S'apropa al poal obsessionada. Comencen a oir-se colps de martell i serra que talla fusta. El seu rostre va desencaixant-se.*)

Veu del MARIT. (*Sepulcral.*) ¡Lluïsa! ¡Puja! ¡Puja! (*Els crits la trauen de la seua abstracció. S'aturen els sorolls. Ella se'n va. Va fent-se fosc i queda com darrer punt de llum el poal resplendent. FOSC.*)

(*Llum, primer sobre el poal. Se sent la veu dels sogres des de dins.*)

SOGRE. I ara, tranquil·litat, que si no fóra pel detallet de la cama, ni es notaria.

SOGRA. ¡Si, fill, ànim! Ja posats, podries estudiar, com sempre has volgut... Com no podràs treballar...

SOGRE. I res de parar-te en una carrereta curteta com volies quan eres jove. Ara podries estudiar dret..., o alguna altra carrera... llarga.

(*S'il·lumina l'escena. Entra Lluïsa amb els sogres.*)

SOGRA. (*Mig plorant.*) ¡Qui ho havia de dir, el meu Blaiet! Un xic fort com un pi i ara coix per a tota la vida.

SOGRE. Dona, a ell se'l veu molt animat, molt sencer, com si no li haguera passat... (*En aquest moment veu el poal i els tres es queden mirant-lo*) res de res. (*Es fa un silenci espés.*)

LLUÏSA. (*Trenca el silenci al mateix temps que la sogra.*) Com no tenim telèfon...; ma mare els haurà avisat que Blai..., ¡perdó!

SOGRA. La veïna m'ha dit que ta mare havia telefonat..., ¡perdó! (*Queden les dues tallades.*)

SOGRE. ¿I quan penseu posar-li la nova? Ho dic perquè dijous volíem anar a casa del meu fill, el menut, al poble, i no voldria jo perdre'm...

SOGRA. (*El talla.*) Però, home, no alces la veu.

LLUÏSA. No veu vosté que encara ha de cicatritzar. Encara passaran alguns dies.

SOGRE. M'han parlat d'unes cames japoneses totalment electròniques i amb marxes, com els cotxes, una filigrana.

SOGRA. Un parell d'eixes et farien falta a tu. És que tens unes eixides de barral buit. ¡Homes, cervellets de canari! (*Sona el timbre.*)

LLUÏSA. ¡Ai, Mare de Déu! ¡Ja ha arribat!

SOGRES. (*Confosos en veure el nerviosisme de la nora.*) ¿Qui?

LLUÏSA. (*Anant a obrir.*) ¡El de la funerària!

SOGRA. (*Persignant-se.*) ¡Que Déu ens pille confessats!

(*Entra el taüter amb un minitaüt. Darrere ve Margarida, la qual s'abraça a Lluïsa, i la mare d'aquesta, que dóna explicacions als consogres, que la fan callar. El taüter avança cap al poal molt cerimoniós. Queda voltat per tots, que el miren i alça la cama sagnant, cerimoniosament, i la introdueix al taüt; tanca aquest i dóna el poal a la dona.*)

TAÜTER. També els teníem en color pi d'Oregó, faig de muntanya i xop de barranc; però perquè quede un sepeli fi, senyor i de prestància no hi ha res com el caoba fosc. I per un suplement mínim, si volen, li posem una creueta. (*Trau de la butxaca una creueta i un martell. La dona mira els sogres i assenteix.*) Indubtablement dóna un toc de distinció. (*La clava.*)

SOGRE. (*Amb cert comboi.*) Només falten les campanes i quedaria com un soterrar autèntic. (*Tots es queden mirant-lo i calla.*)

MARE. Doncs, me'n recorde jo que un estranger tenia un gos i quan es va morir volia que el senyor rector el soterrara...

TAÜTER. (*Tallant-la.*) Bé, bé, bé. Açò ja està. Senyores i senyors, amb el seu permís, procedisc a l'alçament del cadàver. (*Queden sorpresos.*) Vull dir que m'emporte la caixa. (*Nerviosisme entre les dones.*) ¿Algú de vostés ve al cementeri?

SOGRE. (*Tallant-li el pas a la nora.*) Açò és cosa d'homes: açò és cosa meua.

LLUÏSA. Jo crec que dec anar al cementeri.

SOGRA. La teua obligació està ací, amb el teu home i els teus fills. (*Ella comença a plorar.*)

MARE. Tu et quedes, que ací està ta mare per a traure't les faves de l'olla, al cementeri i on faça falta. ¡També fóra cas que a mi...! Si ja en vida del meu home, que en glòria estiga, havia d'anar jo per davant... ¡Au, anem!

(*El taüter i el sogre agafen entre els dos el taüt i comencen a caminar en pla comitiva. La mare els segueix darrere representant el dol. Lluïsa, la sogra i Margarida ploren formant un bolic.*)

LLUÏSA. ¡Vull anar a veure'l!

MARGARIDA. ¿Però, què has de veure tu?

LLUÏSA. Això: el d'això de la d'aixona...

SOGRA. D'això, res. Tu et quedes ací amb el teu marit i prou de numerets.

LLUÏSA. (*Sobtadament, deixant de plorar.*) ¡La Mare de Déu quan era xicoteta! Faran el viatge debades, perquè s'han deixat el més important.

SOGRA. Però, ¿què dius?

LLUÏSA. (*Buscant ràpidament i agafant un paper.*) Doncs, que sense aquest paper municipal, com si no feren res.

MARGARIDA. Jo mateixa els el portaré.

LLUÏSA. ¡Gràcies! Si t'afanyes, potser encara no hagen arribat al cementeri i... (*Ix Margarida corrents.*)

SOGRA. Filla, ja està tot fet i tu has complit. Ara, temps al temps, paciència i resignació.

LLUÏSA. És que encara no puc imaginar-m'ho. No em faig a la idea.

SOGRA. Filla, les coses vénen com vénen. Ara, a recuperar forces i d'ací a uns dies a triar model i ja està. Si us espereu uns dies, us podem acompanyar.

LLUÏSA. ¿Model? ¿Model de què?

SOGRA. ¡I de què vols que siga! El model de cama nova per a Blai.

LLUÏSA. ¡Ai! Porte uns dies que ja no sé què dic ni què faig. ¡Pobre Blai i pobra cama! Li faré una novena a Santa Rita a veure si el meu marit torna a ser el que era i eixim d'aquest pou on hem caigut.

SOGRA. Si m'hagueres avisat a temps hauria portat una curandera del poble que fa meravelles. Potser ella... Sí, xica, Carme la del Rull.

LLUÏSA. Però, ¿no estava estudiant per a...?

SOGRA. Sí, però pareix que amb açò de curandera diplomada té més eixida.

LLUÏSA. Va ser tan de colp i repent. ¡Mire, quan Déu vol, sense núvols plou!

SOGRA. El teu sogre tenia uns dolors impossibles al fetge i li'ls va tallar en sec. És molt famosa. Si fins i tot fa sessions d'espiritisme. La meua amiga Helena ha anat algunes vegades i diu que ha parlat amb una tia de sa mare que fa vint anys que va morir.

LLUÏSA. ¡Dona, això ens faltava! ¡Toca, toca! Millor no vaja vosté, no siga cas que això que hem soterrat tinga el seu esperit particular, i li pegue per parlar. ¿I en què parlaria? ¿En «camandulés»?

SOGRA. ¿«Camandulés»?

LLUÏSA. Sí, dona, l'idioma de les cames. (*Mig rient.*)

SOGRA. (*Seguint-li el joc.*) Boniquet seria el compromís. Menut sobresalt. ¡Calla, calla!

(*Fan grans esforços per no riure clarament. Finalment esclaten en una rialla contagiosa i un pèl histèrica que van aturant a poc a poc en oir passes i uns sospirs d'ultratomba. Reculen i colpegen, sense voler, el poal, que fa un soroll extraordinari.*)

LLUÏSA I SOGRA. ¡¡¡Aiii!!! (*Segueix un silenci sepulcral que tallen les passes i els sospirs que retornen amb més força. Alhora apareixen, sobtadament i fantasmagòrica, les Màscares que des de diversos punts contemplen burlonament l'escena i ajuden a donar-li el to entre enigmàtic i còmic del final.*)

MARE. (*Entra, acalorada per la correguda.*) ¡Ai! Que ha dit Tòfol l'enterrador... (*Sospirant fortament.*) que si voleu que colgue la cama en terra... o preferiu... en un nínxol en alt. Ho diu per fugir de la humitat.

LLUÏSA I SOGRA. (*Arranquen a plorar.*)

(*Impel·lits per les Màscares, els personatges ixen d'escena, mentre els posen la gorra de bufó. Dos grups d'actors, amb gorra de bufó i carasses de color diferent —blanc i negre— s'enfronten com si es tractara d'espectadors d'un partit de futbol que va pujant en tensió. Mentre uns van animant-se i repeteixen «¡sí!», els que semblaven perdre diuen «¡no!»*

i a l'inrevés. Així, fins que entren amb el seu barret Carme i Sebastià, que són espectadors inquiets d'aquest joc. Finalment, els actors els lleven els barrets i els deixen sols.)

QUADRE IV

(*Al costat dret, apartat de l'espai que posteriorment representarà l'interior d'un vagó de tren, i a més altura, un espai menor on es desenvolupa la primera part de l'escena, mentre la resta se'ns presenta a fosques. Carme, sigilosa, com si temera ser escoltada. Sebastià de comprensió retardada i excessiva indecisió.*)

CARME. ¿Com vols que et diga que ací no pot ser?

SEBASTIÀ. Però, dona, com jo dic és molt més senzill. Va, fem-ho ací mateix i me'n vaig.

CARME. ¡Demà de matí quan isca el sol! ¿I com ho explique jo després? T'he dit que no i és que no. O ho fem quan jo diga o passarem la mà per la paret.

SEBASTIÀ. A mi també em poden reconéixer, perquè més d'una nit ens han pillat en la porteria en situació... Tu ja m'entens.

CARME. Sempre a fosques, i a més, ella pega en curta de vista i passava sense atrevir-se ni a mirar. Tot això són excuses de mal pagador. Amb eixa indecisió mai no passaràs de furtacarteres de metro i escurabutxaques de mercat. Ara tens una ocasió perfecta, però segur que no l'aprofitaràs, perquè no tens prou... decisions. Acabaràs com el teu cosí, el de la dona del balcó: abans morir de fam que treballar. Però amb mi no comptes perquè et pague la pensió. ¡Boniqueta sóc jo! Contesta definitivament: ¿ho fem, o no ho fem?, perquè ella no tardarà a arribar i ja serà impossible.

SEBASTIÀ. (*Finalment decidit*) ¡D'acord!, com tu vulgues. Però, ¿estàs segura que el collar val tant com dius?

CARME. Que t'he dit que no és un collar, que es un rosari i val un «quilo» justetet, ¡un milió! El seu fill, el ballarí de fama internacional, sí, el marica, li'l va portar d'Amèrica quan va estar de gira.

SEBASTIÀ. ¿I si no s'adorm?

CARME. Tu, d'això, ni cas. Ja m'encarregaré jo la nit anterior d'escarotar el galliner; sóc capaç de passar l'aspiradora a les quatre del matí... de manera que quan estiga amb tu caurà redona... de son.

SEBASTIÀ. Sí, clar. Però, ¿i si em trobe amb una mare o una germana o una sor d'eixes del mateix ramat?

CARME. ¡Mante, mira que ets bajoca! ¿Creus que elles viatgen en primera? A més, ja ets fadrinet. ¡Apanya't a bones! (*Enèrgica*) Tot solucionat, ¿veritat que sí? Doncs, ¡au, carril i via ampla! D'ací a un parell d'hores vine per ací i et donaré el bitllet. (*Ell intenta abraçar-la. Ella no es deixa.*) Açò sí que ho soluciones bé. ¿Què vols, alficòs, que ens pille de maniobres i ens desbarate el pla? Va, tira, vés-te'n i que no et vegen.

(Se'n van els personatges mentre els actors els parodien tot dient:

MÀSCARA V. Com més serem més riurem:
si anem a peu, si anem amb tren.
MÀSCARA VI. Com més serem més plorarem:
si anem a peu, si anem amb tren.
MÀSCARA V. Fuig que et xafe, fuig que et xafe:
per a uns bons temps, per a d'altres mal oratge.
MÀSCARA VI. Fuig que et xafe, fuig que et xafe:
¡Vinga, societat, fes el teu viatge!

(Dues Màscares acomoden els personatges com si foren el revisor del tren. S'il·lumina l'interior del vagó. A la dreta en diagonal cap arrere, tres o quatre files de seients. En la segona fila, una senyora major, ben

vestida, fent becades. D'espatles a ella, en la butaca de darrere, una monja. En el darrer seient, un home de bona presència, un pèl enigmàtic, amb bigoti i ulleres fosques, no para de mirar la senyora del segon. A la part de l'esquerra, recolzat en la finestreta, mirant passar el paisatge, dos homes. Entra una senyora quarantona que va trontollant a causa de les sacsejades, demanant les corresponents excuses. Seu al primer seient. L'home del final, que l'ha seguida sense perdre's detall, pareix haver trobat la presa escaient. Decididament, com una rabosa, s'apropa al primer seient.)

VENEDOR. (*Fa intenció de seure.*) Amb el seu permís.

DAMA. No faltaria més, cavaller, acomode's.

VENEDOR. Gràcies. (*Prenent posició del territori.*) ¡Bé, bé, bé; ací estem perquè hem vingut!

DAMA. Sí, ací estem. (*Ella fuig un poc.*)

VENEDOR. O siga, que estem ací.

DAMA. Això crec jo, que estem ací.

VENEDOR. (*Torna a apropar-se a ella.*) Efectivament, jo diria que ací estem. (*Breu silenci.*) ¿I va vosté molt lluny?

DAMA. No, no molt. Dues o tres estacions.

VENEDOR. ¡Bé, clar, clar! ¿I viatja sovint en tren?

DAMA. ¿Jo? ¡Ni pensar-ho ni somniar-ho! Sempre amb el meu home, amb el Mercedes; però ell estava de viatge i se'm va presentar una urgència i, clar...

VENEDOR. Avui dia, les urgències sempre ens urgeixen urgentment; fa anys era una altra cosa. Recorde jo...

DAMA. (*El talla.*) No, mire, manies de la meua filla. Que ja porta catorze mesos d'embaràs i ara li venen les presses. ¿Què més li donarà un parell de setmanes més? Però, gent jove pa blanet, ja se sap. I mira que jo li ho he dit: espera la mamà, espera la mamà; però ni cas. Pura rebel·lia i ganes de fer la contra.

VENEDOR. La impaciència de la joventut... (*Pausa.*) Encara que li trenque el dir... el Mercedes és tot un senyor cotxe, ¿eh?

DAMA. A mi m'ho dirà, que no me'n baixe mai. No me'l deixe ni per anar a... missa.

VENEDOR. I ara haver d'anar amb tren, amb tanta gent.

DAMA. ¡Un patir! Però els negocis del meu home són primer i em sacrifique. ¡Què no farà una mare! (*Trau de la bossa de viatge una fotonovel·la o una revista del cor.*)

VENEDOR. Molt bé. (*Es frega les mans animat.*) Veig que li agrada llegir.

DAMA. Sí, senyor, i molt.

VENEDOR. I pel que veig té bon gust.

DAMA. Em perden els llibres i la música.

VENEDOR. Com deia «Cheskespeare»: «El llibre es el millor amic de la dona, i la dona la millor amiga de l'home».

DAMA. Jo havia sentit això, però parlant de gossos.

VENEDOR. Clar que sí, senyora; els llibres instruïxen i acompanyen. Com deia Sant Mateu, capítol tercer, versicle sisé: «Els llibres són l'aliment de l'ànima».

DAMA. Exacte, per això a mi m'agrada la lectura de qualitat. (*Ensenya una revista del cor o una fotonovel·la.*)

VENEDOR. Evidentment, es veu a la primera ullada que vosté té una ànima de cos i mig. I, parlant de llibres bons, ¿coneix vosté una col·lecció de llibres on pot consultar una ampla gamma de temes genèrics o específics?

DAMA. ¿Genèrics o específics? No comprenc.

VENEDOR. Sí, senyora, estic segur que ho deu haver vist anunciat... a la televisió, a les revistes, als periòdics...

DAMA. És possible, clar, però no sé jo ara...

VENEDOR. Una comparança... (*Canvia de to i parla amb veu de publicitat.*) A vosté li parlen de la cria del xampinyó en la Sibèria...; o de la influència de la menstruació de les cocodriles en les crescudes del riu Nil; o de l'àrea de reproducció de la xinxilla parda. ¿Sap com li diuen al governador de la Sibèria? ¿Podria enumerar tots els afluents del riu Nil? (*La senyora nega espantada.*) ¿Veu com no?, doncs vosté consulta un llibre d'eixos que li dic amb els seus mapes preciosos a quatre tintes, recorde, a quatre tintes, i li ho explica tot fil per agulla.

DAMA. Sí que pareix interessant, sí.

VENEDOR. I si la persegueix un grup militar enemic, ¿què faria? Recorde: «Cuando el círculo se cierra i la búsqueda es más intensa..., para ser un buen profesional...: Enciclopedia Comando». ¿Sabria vosté com disparar un míssil, fabricar una bomba atòmica en casa, o les particularitats de la vida sexual sana, de les gallines, naturalment? Doncs, això i més li ho explica, amb quatre colors i exercicis pràctics, una enciclopèdia. Vosté necessita posar R.I.P. en la seua vida... (*Lletreja.*) erra, i, pe.

DAMA ¿Vol dir una làpida o un taüt?

VENEDOR. (*Pronunciant el títol en anglés.*) Però, ¿com? ¿Encara no coneix vosté L'*Enciclopèdia Readers Indigest Pastissets*?

DAMA. Home, indigest i pastissets encara ho comprenc, però això de «riders»..., realment, no.

(*Resten congelats, mentre els dos homes que es troben a la finestreta comencen a parlar.*)

HOME I. Sent veus, unes veus que m'ataranten.

HOME II. Però, ¿diuen alguna cosa en particular?

HOME I. És com si dins de mi parlaren diverses persones.

HOME II. ¿Com si diguérem una conversa seguida?

HOME I. L'inconvenient és que hi ha més d'un rotgle i cadascú tracta temes diferents.

HOME II. Si enraonaren ordenadament, podria seguir el fil de la conversa i encara li serviria de distracció.

HOME I. Eixa és la llàstima, cadascú diu la seua i jo arreplegue un tros d'ací i un altre d'allà i no acabe de traure l'aigua clara, que no m'entere de res. I a més, canvien de temes i parlen tan seguit que m'emboliquen.

HOME II. ¿Vosté para atenció?

HOME I. ¡Encara que no vulga! ¿No veu vosté que criden tan a prop? Exactament dins del meu cap.

HOME II. ¿I quina classe de paraules utilitzen?

HOME I. En això es porten bé i amb educació. Res de canviar de llengua per fer-se els importants: la llengua d'ací i paraules corrents. Fins i tot juraria haver sentit alguna paraulota. I això sí, trobe una gran varietat d'accents i pronunciacions. Deuen ser de comarques diferents.

HOME II. Amb aquest rebombori no dormirà vosté bé.

HOME I. Més bé a trossos i mossos i sobresaltat.

HOME II. ¿I si provava a viatjar, distraure's, canviar d'aires?

HOME I. ¿I què faig amb la família?

HOME II. Deixe'ls una temporadeta. Segurament eixes veus no són més que alguna obsessió seua que l'assalta dia i nit. I ja se sap, canviant d'aires... ¿Amb qui viu vosté?

HOME I. Amb la meua dona, dues germanes seues fadrines, més bé matxutxes, i sa mare, la meua sogra. Uns quatrecents quilos pel cap baix i més de dos-cents anyets femenins junts.

HOME II. ¿Tot en el mateix lot? ¿Vol dir que viu vosté sol amb la seua sogra i les seues cunyades?

HOME I. ¡Ai, mire! ¿I què vol que li fem?

HOME II. Clar, clar, a qui li toca li toca.

(*Apareix pel fons una xica molt cridanera que creua el vagó amb molt de moviment i demanant foc infructuosament per totes bandes. La monja, Sebastià, gira el cap després d'haver xocat amb ella.*)

SEBASTIÀ. ¡Mira que estàs «pessigueibol»! Ja et donaria jo a tu foc. Tens un rebolcó mortal de necessitat. (*S'adona que la mira la vella i canvia la veu tossint.*) ¡La mort, eixa necessitat de l'ànima! (*Recita.*):

«Vivo sin vivir en mi
y en tan alta vida espero
que muero porque no muero.»

(*Queda congelat i en un segon pla. Mentre el Venedor reprén l'atac.*)

VENEDOR. No em negarà que quan es troba en una conversa de gent fina, de gent culta, de gent preparada, de gent... de gent-gent on parlen de tot i toquen un tema sobre... sobre l'IPC o sobre la reina d'Anglaterra o sobre... els viatges espacials. ¿Què em diu dels viatges espacials, eh?

DAMA. És que jo, de viatges espacials no solc fer-ne. Jo i el meu home, ja se sap, la marxeta normal: de «l'aparcament» de la platja al gimnàs, i del gimnàs a la classe de sevillanes.

VENEDOR. Em referisc als coets eixos que llancen els russos i els nord-americans.

DAMA. No, si no li dic que no quede fi i vistós, però on es pose un Mercedes... A mi és que em mareja veure'ls pujar i pensar que van tan lluny... i que han de baixar, clar, perquè en això té vosté la «poblemàtica» que han de baixar... Mire, no; no m'interessa.

VENEDOR. Però, al seu marit i als seus fills els pot interessar.

DAMA. ¿Al meu marit? Això sí que seria un miracle. Si ell es queixa perquè jo llig de nits. Diu que em quede dormint i tire els llibres en terra i el desperte; i això que són fotonovel·les que pesen poc, ¡imagine's! I a mi és que m'agrada estar informada, fer-me una cultureta; perquè, encara que estiga lleig dir-ho, jo ho dic; jo totes les setmanes em compre les meues revistetes i estic al dia de si la Presley, els de Mònaco, la Marta «Chivarri»... i clar, entre llegir-les i comentar-les... Perquè no crega, desprès ens reunim les amigues en una cafeteria totes les vesprades i ho comenten, i clar, no tinc temps de més. I tampoc és qüestió d'arribar a l'stress eixe que diuen, encara que siga una «poblemàtica» molt actual.

VENEDOR. Però, com deia Arquímedes: «Tot allò que puja baixa». I per tant, vosté tindrà ganes de ser propietària en exclusiva d'una enciclopèdia, a quatre tintes, naturalment.

DAMA. Si vol que li diga la pura veritat, ganes, ganes, no, no.

VENEDOR. És evident que vosté pateix una sòrdida lluita interior entre la seua ment freda i realista, calculadora, i la seua ànima oberta, culta i aventurera, que té gran interés per aquest monument enciclopèdic del saber.

DAMA. ¿Gran interés? Doncs, mire, no.

VENEDOR. (*Suplicant.*) ¿I un interés, encara que siga mitjanet?

DAMA. (*Amb cert cansament.*) Bé... I això de l'enciclopèdia ¿què és, un sol llibre o més?

VENEDOR. Són vint volums amb llom de pell de sargantana i tapes amb incrustacions d'or sobre fons blau topaci. (*A part.*) Calleu, calleu, que ací tenim mig tracte fet. Resulta dureta, però si no passa res li la col·loque. És el tercer intent del matí, i tres ja serien massa carabasses. Això que en primera viatja gent amb més possibilitats, però costen. I encara, que diguen després que açò de ser venedor d'enciclopèdies a domicili no és sacrificat. ¡Et trobes cada cotorra com aquesta!

DAMA. ¿La sargantana també és blava?

VENEDOR. Del color que preferisca, faltaria més. Les fabriquem fent joc amb la moqueta, o les cortines... com vulga.

DAMA. És que a mi el blau m'encisa. A un saló com el meu ja li pot posar coses per a omplir-lo, que tot li cap. I és que en ma casa, encara que estiga lleig dir-ho, jo ho dic, no falta detall. Mobiliari, cortines, electrodomèstics... tot primeres marques, tot primeres marques d'importació. O siga que això de l'enciclopèdia de color, bé, però...

Tants llibres junts i plens de lletres... seran quimeres meues, però em fan por. Una novel·la que la puga obrir, tancar i deixar damunt la tauleta de nit, encara tira, però més... Tot el rastre de llibres, alineats l'un al costat de l'altre, em recorda un exèrcit que ve per mi i m'intranquil·litza. I això que el blau, ja li dic que m'encisa. ¡Ai!, em quede ja a la pròxima estació. ¡Vaja!, però parlant de temes culturals, el temps se'm passa volant. I la seua dissertació sobre la formació «lliberal» ha resultat tan instructiva...

VENEDOR. ¿Formació «lliberal»?

ELLA. Clar, home, la formació que donen els llibres. «Lliberal» ve de llibre. ¿Que vosté no sap llatí?

VENEDOR. Sí, senyora, i aprofite l'ocasió per dir com deia Sant Agustí: *O tempora, o mores.*

ELLA. Perdone, però no acabe jo de...

VENEDOR. Això també és llatí: «tempora» temps, i «mores» madures, que aproximadament ve a significar que el temps ho madura tot, i que vosté ja està preparada per a adquirir la gran enciclopèdia temàtica per temes. Només cal omplir la butlleta d'encomanda, signar i indicar el número de compte corrent. (*Obri el maletí i li dóna uns papers.*)

DAMA. ¿Què diu que he d'encomanar i signar?

VENEDOR. Em referisc al butlletí de subscripció de la inigualable Enciclopèdia R.I.P. de color blau, a joc amb les seues cortines. Vint volums, adaptables en forma i grandària al seu mobiliari, amb una mínima quota que li carregarem mensualment al seu estimat compte bancari.

DAMA. (*Tallant-lo.*) Escolte, però, ¿és vosté un d'eixos tararots malfaeners que van venent llibres?

VENEDOR. Tararot, no, i malfaener és evident que tampoc; però venedor de llibres, sí, senyora. Nemesi Formíguez, cap de vendes i representant en exclusiva en aquest tren d'Edicions Delplom S.A. (*Donant-li una targeta.*)

DAMA. ¿Serà possible? ¡Ara m'acaba de caure el món als peus! I quin desengany, i jo que pensava que parlava així per elegància i pura educació... «possiqueteveré». Vosté el que vol és aprofitar-se (*Comença a pegar-li trompades amb el pitram i el cul.*) d'una dama indefensa. Això davant del meu home i del Mercedes no m'ho diria. Però amb mi pega en pedra. (*Continua estossinant-lo.*)

VENEDOR. Senyora, si jo...

DAMA. (*Li pega amb el cul i el tira assegut a terra.*) ¡A que cride el revisor! (*Alçant la veu.*) ¡I quina barra, voler vendre'm una enciclopèdia!

(*El venedor s'alça, suportant totes les mirades, avergonyit. Somriu estúpidament i se'n va pel fons.*)

VELLA. ¡I quina poca vergonya! Ni en el tren pot una estar tranquil·la. ¡Caradura, esgarramantes, secabotiges, furtaesmorzars, saltacaptarreres, pelacanyes, «invertebrado», més que «invertebrado». (*Li pega un colp de paraigües al venedor el qual desapareix.*)

SEBASTIÀ. (*Seu al costat de la vella mig resant.*) ¡Sant Crist dels Canyissos, advocat dels pardalets! ¡I quins temps que corren; quanta competència... tenen els àngels del cel! El món, el dimoni, la carn. Si no li importa seuré amb vosté i aprofitaré l'ocasió... per fer-li companyia. Perquè vosté no sap la de desaprensius que hi ha pel món.

VELLA. Gràcies, reverenda, ja ho pot ben bé dir. No et pots fiar de ningú.

(*Queden congelats. Mentre, la llum destaca l'Home I i l'Home II.*)

HOME. I. No pare de sentir aquestes veus. Fins i tot he pogut escriure tot el que diuen.

HOME II. Això sí que és extraordinari.

Home I. Doncs, sí, senyor, encara que li puga estranyar, paraula a paraula, he arreplegat les suficients per escriure una novel·la.

Home II. ¿Ja té escrita una novel·la? Santa innocència, ¿i a què espera, home? Envie-la a un premi literari.

Home I. ¿A quin?

Home II. Al que siga. N'hi ha molts, ¿què més li dóna? I si no, millor demane una beca institucional de creació; si és modern o postmodern ho publiquen tot.

Home I. (*Traient un paquet de folis grossíssim, mira als costats com si fóra confidencial.*) ¿Vol que li la deixe i en un moment la llig i em diu...?

Home II. No, és que no tindré temps... Estic a punt de baixar i, clar, no podria...

Home I. És una llàstima. (*Amb cert posat i to maquiavèl·lic i enigmàtic.*) Fa dies que sent veus, veus que em diuem que eixiré en tots els periòdics i que em faran entrevistes en la tele. (*Més relaxat.*) I en canvi altres, mire vosté com són les coses, les veus em diuen (*Torna al to lúgubre.*): «Desgraciat, tu no faràs mai res, només servixes per a cobrar la nòmina i aguantar la sogra, la teua dona i els orsos peluts de les seues germanes». Com ho sent, en aquest ordre exactament. (*Ara li passa la mà pels muscles amicalment.*) Després la veu en to de falset em diu: «¡Au, va, mata, mata, mata'ls tots!» (*Va ofegant-lo poc a poc.*) I en eixos moments sent córrer per les meues venes una excitació i una ansietat tan fortes que és que, és que, és que...

(*Va baixant la veu mentre la cara de l'altre presenta la ganyota de la mort. Queden congelats.*)

Vella. ¡Quasi res porta el diari! ¡I com està el món! Germana, ¿no ha llegit vosté açò de l'assassinat d'eixes pobres dones? El marit ha matat la seua dona, les dues cunyades i la sogra! Sí, estrangulant-les, i la policia encara no l'ha detingut.

SEBASTIÀ. Encara els ha fet poc... Encara han patit poc si ho comparem amb la mort i passió del nostre Senyor Jesucrist: resignació, conformitat, tinguem paciència i humilitat. Jo pèr això només pense a retirar-me... retirar-me d'aquest món pecaminós.

VELLA. ¿De quina ordre és vosté, germana?

SEBASTIÀ. «Mercenària», senyora.

VELLA. Mira per on, mercedària.

SEBASTIÀ. Sí, senyora, per a servir Déu i vosté.

VELLA. És que, ¿sap?, una cosina meua és superiora en... Ho tinc en la punta de la llengua, però no acabe de recordar-me'n.

SEBASTIÀ. (*Com qui té una bona pista.*) ¿En un convent?

VELLA. Sí, clar. Però no sé en quin.

SEBASTIÀ. ¡Som tantes les ovelles en els ramats del Senyor!

VELLA. (*Traient-se el collar que resulta ser un rosari.*) ¿Encara no li he ensenyat el regal del meu fill? Un capritxet. ¿Quina necessitat tenia?

SEBASTIÀ. Quant hem de patir les mares. Vull dir que allò que fa un fill per una mare no pot anomenar-se mai un capritxet.

VELLA. Li assegure que jo no sóc gens ostentosa, no m'agrada portar joies damunt.

(*Entra pel fons un xic jove amb pinta de rocker, patilles llargues, cabells curts, «litrona» en la mà i completament ebri.*)

BORRATXO. Un pare amb set fills, dos d'ells en la mili, demana la seua generosa ajuda. Voldria que es feren càrrec del patiment i la vergonya que suposa demanar caritat per a una persona decent com jo. Però no trobe faena i les criatures han de menjar, encara que per a la meua dignitat personal siga un mal «trago».

(Beu de la «litrona» i passa del fons cap avant arreplegant el que li donen.)

VELLA. ¡Jesús, com està el món!

SEBASTIÀ. ¡«Quesús», Maria i «Cosé»! Ja li ho deia jo a la superiora: les preocupacions materials ens allunyen de la vida interior espiritual. ¡I ha passat el que havia de passar!

VELLA. ¿Què li passa?

SEBASTIÀ. Passa que estava convençuda que el portava, però es veu que no.

VELLA. Però, ¿què ha oblidat?

SEBASTIÀ. Imagine's, ni més ni menys que el rosari. I això és una falta greu per a mi, afecta la devoció. Si em bote el rosari de les set trenta perd un fum d'indulgències, i clar...

VELLA. Si vol fer-me l'honor de resar amb el meu; a mi encara em falten tres horetes perquè em toque tornar a resar-lo.

SEBASTIÀ. Hauria estat una gran desgràcia si no haguera sigut per vosté. Els camins del Senyor són inescrutables. L'honor és per a una servidora. (*Agafant el rosari amb cobdícia.*) Però, no sé si he d'acceptar. No puc deixar-la a vosté sense ell. De ninguna manera.

VELLA. No patisca. Quan acabe, me'l torna.

SEBASTIÀ. És clar que sí, done-ho vosté per fet.

VELLA. I ara, amb el seu permís dormiré una miqueta, perquè he passat una nit de mil dimonis. Amb perdó.

SEBASTIÀ. Dorma i descanse i veurà com es desperta més lleugereta, amb la sensació d'haver-se llevat un gran pes de damunt.

(*Quan la vella comença a fer becades i* Sebastià *es mira el collar per alçar-se i emportar-se'l, entra per la porta del fons una xica vestida d'andalusa i tocant castanyoles. Hi roman breus segons. Després trau un plat i va passant-lo cap avant.*)

SEBASTIÀ. (*Intentant alçar-se.*) ¡I quina preciositat, quina joia!

VELLA. (*Mig despertant-se.*) És que no sap vosté el gust que té el meu fill per a aquestes coses. Jo estic amb ell més ampla que un palloc, perquè, i no es passió de mare, el meu fill és un ballarí molt famós, un artista.

SEBASTIÀ. ¿Era el xic que l'ha acompanyada al tren?

VELLA. Sí, l'altra era la donzella.

SEBASTIÀ. ¿Donzella eixa? Ah, ja... la criada.

(*Entra un negre pel fons carregat d'andròmines.*)

NEGRE. «Bueno, bonito, barato. ¡Cómprame, cómprame!»

VELLA. ¿Li agrada a vosté el flamenco?

SEBASTIÀ. I molt, clar. Vull dir que resulta molt adequat per animar una funció benèfica; no per als meus hàbits, naturalment. (*A part.*) Si no em controle clavarem la pota.

(*L'anciana comença a adormir-se, ocasió que aprofita Sebastià per tornar a intentar prendre-li el collar i anar-se'n. Cada vegada que ho intenta, pel fons va entrant gent diversa i estranya demanant almoina: una xica amb un poal netejant els vidres, com si es tractara de cotxes aturats davant d'un semàfor; un altre va venent mocadors de paper, rotllos de paper higiènic o andròmines similars. Aquestes entrades impedeixen diverses vegades la fugida del lladre, que dissimula els seus intents de fugir beneïnt el pidolaire de torn i torna a seure. Per fi pot eixir, i quan ja quasi ha desaparegut, l'Home I li pega un batecul. Ell riny amb un somriure nerviós. A partir d'ací, la confusió és total: Sebastià desapareix pel fons; l'Home II, mort, cau i se sent el xiulet del tren; L'Home I seu al costat de la vella amb somriure maligne i clares intencions assassines. Després d'un estrepitós soroll de frenada d'emergència, una sotracada fa caure a tots per terra. FOSC.*)

EPÍLEG

(*Mentre tots van alçant-se, un soroll com d'un res repetitiu ompli la sala*)

TOTS. La raó de la desraó
que la nostra raó extravia. (*Bis.*)
Tant si vols com si no vols
trobes riures, trobes plors. (*Bis.*)

(*Entrades i eixides de Màscares que volen vestir-se de personatges, i personatges que volen despullar-se per vestir-se de Màscares, omplin caòticament l'escena. Tots volen xuclar càmera, s'interrompen i es furten el paper. Declamen en pla dramàtic o grandiloqüent.*)

MÀSCARA I. Baix del pont de Barxeta,
hi ha un fardaxo.
MÀSCARA II. Ves espai no et mossegue
que està borratxo.
MÀSCARA III. ¿Quin poble és eixe tan gran
que el món extasiat admira?
MÀSCARA IV. Mil pintors te'l pintaran
mil cantors te'l cantaran,
MÀSCARA III. Perquè, senyor, el més gran
que Déu ha fet és Alzira.
MÀSCARA V. (*Li tapa la boca i no el deixa acabar.*)
M'has omplit
el pou de cebes
i de corfes de meló.
MÀSCARES. (*Queden tots espantats, quan reaccionen reciten:*)

Cavallers, per aquesta nit,
ja s'ha acabat la funció,
ja s'ha acabat la funció.

(*Tots els actors-màscares representen ser espectadors, asseguts front al públic. Es lleven les màscares, es posen els barrets de bufons i reciten seriosament els dos primers versos i burletes els dos darrers.*)

TOTS. Honor, bondat,
amistat, amor...
Potser caracteritzen l'home,
però, només això, no.

(*LENTAMENT FOSC.*)

Fi de l'obra

Alzira, gener del 1989.

Propostes de treball

Les següents activitats, que poden resoldre's individualment o en equip, pretenen, en primer lloc, orientar la lectura fent èmfasi en aspectes significatius del nivell argumental i temàtic de l'obra. Volem així ajudar-vos a comprendre'ls millor i copsar les seues possibles interrelacions (*Apartat 1*).

Una altra part important de les vostres indagacions se centrarà en l'organització del missatge i en els valors i significacions del codi: la llengua com a matèria primera de la literatura i vehicle de comunicació (*Apartat 2*).

Per últim, hi ha determinades propostes de reflexió sobre els projectes més específicament teatrals (*Apartat 3*). Pretenem que gaudiu transmutant-vos, de simples lectors passius d'un text, en factors actius del teatre-espectacle: actors, escenògrafs, tècnics de vestuari, so, il·luminació, maquillatge o caracterització... Cadascú que aprofundisca en els aspectes de la seua predilecció.

Amb aquest darrer apartat us volem empényer a fer, encara que només siga mentalment, el vostre propi i personal muntatge amb l'escenografia, il·luminació, música i espais adients on ubicar i concretar les escenes. També faríeu així la vostra pròpia definició i creació dels personatges, en tots aquells trets que els donen cos i fan que s'alcen per damunt d'un munt de paraules en uns papers. I així, comprendríeu que fer teatre és molt més que saber-se un text de memòria.

Si tot això propiciara o produïra un muntatge real al vostre centre escolar o, almenys, haguérem iniciat algú en el «vici» de ser espectador de teatre amb l'ull viu o que esdevinguera lector teatral creatiu, no abúlic o per obligació, es podria qualificar el resultat de les propostes «d'èxit memorable de crítica i públic».

1. ASPECTES ARGUMENTALS I TEMÀTICS

1.1. Explica el significat o significats del títol de l'obra a partir de les semblances i diferències fòniques, morfològiques i semàntiques, entre «gens» i «gents».

Relaciona les teues conclusions amb el tema o temes de l'obra i amb la possible intenció global dels autors.

1.2. Inventa't un títol per a cadascun dels quadres que el resumesca significativament o done una idea clara del seu tema principal.

1.3. Relaciona la cita inicial de Dostoievski amb alguna de les característiques més comunes dels personatges. En aquest sentit, ¿les actituds d'aquests es trobarien més a prop de ser qualificades d'heroiques o d'antiheroiques? ¿Quina d'aquestes dues categories sol predominar a la literatura, al teatre o al cinema? Cita títols o personatges que siguen representatius d'alguna d'aquestes dues possibilitats i justifica la teua predilecció pels herois o pels antiherois.

1.4. Desenvolupa i aplica en el teu quadern el següent esquema a cada quadre de *Gen(t)s diferents*.

Conflicte/s inicial/s	Situació/ns àlgida/es	Solució final (1)	Personatges i evolució del conflicte (2)	Jerarquia dels personatges (3)	Situació social, cultural, econòmica i laboral dels personatges

(1) Positiva, negativa o similar a la situació inicial.

(2) Inicia el conflicte. Accelera o retarda la solució.

(3) Protagonistes, antagonistes, secundaris, comparses.

1.5. Determina quines accions, espais i temps són, dins del món de la ficció de l'obra, reals, presents i actuals i quins evocats o imaginats. Calcula el temps que se suposa que durarien els fets segons les indicacions del llibre i el temps que durarien damunt l'escenari.

1.6. Relaciona les accions i parlaments de les Màscares amb els esdeveniments i actituds que protagonitzen els personatges.

1.7. Anota les referències que alguns personatges fan en relació a d'altres de quadres diferents i classifica-les segons siguen anteriors o posteriors en relació amb el quadre on s'anomenen.

1.8. Alguns personatges poden semblar víctimes, però hi ha frases i accions o omissions que demostren que la seua innocència no és tanta. Busca aquests personatges i indica les frases i accions que delaten la seua part de culpabilitat.

1.9. ¿A qui se suposa que Ell (Quadre I) narra la seua història? ¿Quina és la intenció d'Ell respecte al seu interlocutor i com pretén aconseguir el seu objectiu? ¿Creus que ho aconsegueix?

1.10. Ell (Quadre I) i el Marit (Quadre II) basen la seua dignitat personal en actituds, fets i objectes que en realitat no són tant dignes. Concreta cada cas i fes la teua valoració.

1.11. Al llarg del Quadre II es conjuminen elements tràgics amb d'altres clarament grotescos. Assenyala i diferencia ambdós aspectes i indica com s'aconsegueix que siguen tràgics o grotescos.

1.12. Relaciona els textos periodístics amb la resta de l'obra. ¿Quin significat aporten o volen remarcar? ¿Què tenen de patètic i de còmic? Pensa que estan extrets de diaris actuals reals.

1.13. Funció de les dues veus en off que ens expliquen la visita al metge del Quadre II. ¿Ajuden a donar la raó al Marit o a la Muller?

1.14. Ressenya tot allò que envolta l'amputació (Quadre III) i lleva patetisme al fet, i allò que l'augmenta. ¿Podem parlar d'«humor negre»? ¿I en la resta del quadre o de l'obra? Explica en què consistiria.

1.15. L'exageració és la base de la caricatura. ¿En quin sentit podem parlar de caricatura davant la reacció de Lluïsa i de sa Mare al voltant de l'enterrament? Indica altres caricatures i exageracions que trobes al llarg del llibre. ¿Quina funció té la caricatura en *Gen(t)s diferents*?

1.16. La paraula «enterrament» ens fa present un seguit de ritus i obligacions socials. Indica'ls i constata en el teu àmbit social la vigència o no d'aquests o d'altres costums semblants. ¿Ho veus oportú en aquest cas? ¿I en altres de la vida real?

1.17. En tota l'obra, i especialment en el Quadre IV, hi ha una sèrie d'equívocs i pistes falses sobre la intenció o identitat real dels personatges. Indica aquests equívocs i explica en quin sentit ho són.

1.18. ¿Què sabem de la família de l'Home I i a través de qui ens arriba la informació?

1.19. ¿Quins trets comuns extrauries de la «fauna» del tren?

¿En què s'assemblen o diferencien, quant a actituds i comportaments, de la resta de personatges de les altres històries? Tenint en compte que segons les Màscares aquest tren s'identifica amb la societat, ¿quines característiques se li atribueixen, a aquesta?

1.20. L'acabament de les històries dels personatges i el de les accions de les màscares coincideix per tal com en ambdós casos s'imposa el caos i la confusió. ¿Com explicaries el sentit d'aquest fet en relació amb el conjunt de l'obra i en relació amb el món del lector o espectador? ¿D'aquest i d'altres detalls de l'obra es desprén un sentit optimista o pessimista de la vida? Debateu-ho.

2. ASPECTES LINGÜÍSTICS

2.1. Les aparicions de les Màscares tenen com a suport lingüístic cançons infantils i/o populars, poemes, locucions i frases fetes de la mateixa procedència. Intenta identificar-ne al màxim i compara les versions originals que conegues amb les versions que ens ofereix el text. Relaciona aquestes cançons, i les modificacions afegides, amb els fets i conceptes de l'obra. ¿Per què els autors s'han basat en aquests tipus de textos?

2.2. Els personatges, des del punt de vista dels usos lingüístics, podrien agrupar-se en un nivell de llengua popular, més o menys formal, i un de culte, amb els tecnicismes propis de la seua professió. Distribueix-los en aquest dos grans grups.

2.3. Fes una llista dels tecnicismes i expressions específiques de cada professió i «tradueix-les» a un llenguatge estàndard, no tècnic. ¿Semblen tenir molta fe els professionals (exemples: l'Advocat i el Metge del Quadre I) en el seu propi llenguatge específic, o més bé sembla un posat o ritual de cara a la clientela? ¿Quin nivell lingüístic usen quan els cal que els entenguen? La utilització d'aquests tecnicismes pot ser que tinga una finalitat irònica o paròdica. Explica-ho.

2.4. Desenvolupa i estructura els textos periodístics del Quadre II en la forma real que aquests textos informatius solen presentar. Escriu algun article d'opinió sobre algun d'ells.

2.5. Segueix els parlaments de cada personatge popular i intenta extraure'n el màxim de refranys i frases fetes. Agrupa aquestes expressions i refranys segons el tema, l'edat o el sexe de qui les diga, i segons si estan complets, incomplets o transformats. Esbrina el significat que tenen aquests clixés lingüístics en la realitat i en l'obra.

2.6. Situa les acotacions en el seu nivell lingüístic corresponent: culte, estàndard, popular, vulgar. Raona si seria equiparable a l'usat pels personatges no tècnics i si diferiria molt del nivell del llenguatge periodístic emprat als textos del Quadre II.

2.7. ¿El parlar de la majoria de personatges, especialment els no tècnics, et resulta similar o diferent a l'expressió de la gent valencianoparlant actual? Fes les adaptacions de les paraules estranyes a fi que et sonen més «familiars». Indica si els canvis introduïts són molts, de quin tipus (fonològics, morfològics, sintàctics o semàntics) i si són deguts a variacions dialectals o de zona, dins la llengua però correctes, o vulgarismes i castellanismes, que són incorrectes. Ajuda't, si de cas, amb el diccionari.

2.8. A part dels repertoris lingüístics de base popular o tècnica, la inserció de textos (intertextualitat) de procedència més urbana o cultural, passats o actuals, és un altre recurs expresiu usat al llibre. Busca aquests textos i classifica'ls segons la font de procedència: literària (Machado, Hamlet...), cinematogràfica, publicitària, de cites bíbliques, religioses, llatines o de personatges famosos, etc. Compara'ls amb els originals i detecta les possibles manipulacions, interessades o per ignorància, i el seu efecte. Explica la funció d'aquesta intertextualitat per als personatges i per a la intenció global de l'obra. Fixa't especialment en l'Advocat, Porter, Marit, Venedor, Sebastià, Dama, etc.

2.9. La tècnica de caracterització d'alguns personatges es basa, entre d'altres trets, en factors lingüístics com les repeticions, els vulgarismes, la inoportunitat, les ambigüitats o dobles significacions... Localitza aquestes característiques lingüístiques i relaciona-les amb els objectius, comportaments o formes de ser o aparentar d'alguns personatges com Lola, la Mare i el Sogre (Quadre III), Sebastià o la Dama. ¿Quins efectes solen produir aquestes peculiaritats?

2.10. Els professionals fan ús en totes les llengües normalitzades del seu registre propi i del seu argot tècnic. Açò dóna precisió a la seua comunicació, però alhora la fa més incomprensible per als no especialistes. Quan s'expressen tècnicament, ¿canvien de llengua o canvien de nivell o registre? ¿En el cas de la majoria de professionals valencians passa el mateix? ¿Creus que hi ha impossibilitats o inadequacions de la pròpia llengua perquè els metges, advocats, arquitectes, etc., puguen exercir com a tals, en la nostra zona lingüística, sense canviar de llengua? Indica les dificultats i avantatges d'aquesta normalització.

L'obra reflecteix una situació lingüística aproximada a la de normalització d'ús. ¿Com es manifesta açò? Indica situacions o àmbits d'ús lingüístic de l'obra que no són habituals en la realitat actual valenciana. ¿La situació lingüística reflectida és una realitat o només una ficció literària? ¿Es poden i es deuen acurtar les distàncies entre el que som i el que hauríem de ser o podríem ser lingüísticament? Debateu i relacioneu aquests punts.

3. TÈCNIQUES DE CREACIÓ TEATRAL

Aplica la teua imaginació al text i munta't l'espectacle. Pots ajudar-te amb dibuixos, maquetes i amb tots els coneixements i auxilis tècnics al teu abast.

Contrasta després les teues/vostres solucions amb les de la resta de companys i així començaràs a comprendre per què de la mateixa obra poden realitzar-se espectacles molt diferents.

3.1. Desenvolupa i aplica a cada quadre de *Gen(t)s diferents* aquest esquema de creació de personatges, de forma que et permeta, a partir dels actors-actrius disponibles o imaginables, donar una imatge, interna i externa, diferenciada de cada personatge. Pensa que la caracterització determina també la catalogació dels personatges en bons o dolents i desperta en el públic sentiments d'adhesió, rebuig, llàstima, etc.

Trets diferencials generals (1)	Possible actor o actriu (2)	Creació corporal (3)	Caracterització fònica (4)	Vestuari i complements (5)	Maquillatge i pentinats (6)

(1) Nom, edat, caràcter, situació familiar i social del personatge. Jerarquia del seu paper en l'obra, característiques humanes o ètiques.

(2) Justificació inicial de l'elecció.

(3) Composició-creació corporal del personatge. Posat, moviments, tics o trets caracteritzadors aplicats a cada part del cos.
(4) Veu (aguda, greu, amb alguna afectació general o en determinats sons), accents (estranger o d'una altra zona), to i forma de parlar (enèrgic, reposat, atropellat, etc.).
(5) Pensa que el vestuari siga assequible, còmode i pràctic per als canvis ràpids i que resulte caracteritzador. Complements: ulleres, barrets, bosses de mà, bastons...
(6) Cal que potencien o dissimulen els trets que ens interessen. Important que destaquen sobre la il·luminació i la distància de l'espectador.

3.2. Dissenya l'escenografia i els decorats de l'obra, en els aspectes comuns a tota ella i en allò diferencial de cada quadre. Calcula l'espai d'escenari que demanaria el muntatge i veges les possibilitats de cabuda al centre, al teatre de la localitat o d'altres possibilitats.

3.3. Explica com solucionaries els canvis d'escena: amb llums i/o foscor, telons, música, etc.

3.4. Fes un esquema de distribució temporal i espacial de focus on entre la quantitat, potència, distribució i posició (zenital, frontal, lateral) i el color de la llum.

3.5. Fes una llista ordenada per quadres de tots els sons, cançons, veus i efectes especials que caldria gravar o produir i el seu moment d'execució en l'obra. Busca els que indica el text i els que caldria afegir.

3.6. Sovint hi ha dos tipus d'espais, accions i temps que ens porten a dues realitats diferents (la real o actual i l'evocada o imaginada), o a dos mons de coordenades diferents (el de les màscares i el dels personatges). Explica com marcaries i concretaries tècnicament amb la posada en escena aquesta dualitat: il·luminació, música, decorats, forma d'actuar, etc.

3.7. Indica i analitza les diverses intervencions de veus en off que es donen al llarg de l'obra. ¿Quin efecte i funció tenen en cada cas? Valora si lleven o donen efectivitat a la comunicació teatral. ¿Les mantindries o les substituiries per la presència dels personatges?

3.8. Descriu la coreografia, llum, música, etc. que acompanyarien els textos periodístics del Quadre II. ¿Com transmetries aquests textos al públic? ¿Veu en off d'un narrador-locutor neutre, alié als personatges? ¿Veu en off del Marit implicant-se emotivament, com si llegira o pensara? ¿Presència del personatge que llegeix o no al públic? Etcètera.

3.9. Hi ha alguns objectes que de vegades prenen la importància d'autèntics protagonistes. Explica quins, quan i per què, i com podríem remarcar-ne tècnicament i teatralment la importància.

3.10. Les accions del Quadre IV es tallen i interfereixen entre elles. Refes-les linealment. Valora si d'aquesta o d'altres formes quedaria més o menys teatral i la significació que aquest fragmentarisme dóna al quadre i a l'obra. ¿Soluciona tècnicament el pas entre els diferents nuclis d'acció d'aquest quadre? ¿Quina funció creus que tenen les entrades finals al tren? ¿Quins personatges podries afegir i quins podries llevar sense trencar l'estranya dinàmica d'aquest tren?